ENTRE CANTE Y COPLA
POESÍA FLAMENCA PALO A PALO

ExLibric

FRANCISCO POZO POLEY

ENTRE CANTE Y COPLA
POESÍA FLAMENCA PALO A PALO

EXLIBRIC
ANTEQUERA 2024

ENTRE CANTE Y COPLA. *POESÍA FLAMENCA PALO A PALO*
© Francisco Pozo Poley
Prólogo: Juan Alarcón Almoguera
Diseño de cubierta y maquetación: Francisco Pozo Poley y Dpto. de Diseño Gráfico Exlibric
Imagen de la portada: Susana Romero Alonso
Autor de la fotografía de la portada: Francisco Zuera Cano

Iª edición

© ExLibric, 2024.

Editado por: ExLibric
c/ Cueva de Viera, 2, Local 3
Centro Negocios CADI
29200 Antequera (Málaga)
Teléfono: 952 70 60 04
Fax: 952 84 55 03
Correo electrónico: exlibric@exlibric.com
Internet: www.exlibric.com

ISBN: 978-84-10076-55-6
Depósito Legal: MA 31-2024

Impresión: PODiPrint
Impreso en Andalucía – España

Nota de la editorial: ExLibric pertenece a Innovación y Cualificación S. L.

FRANCISCO POZO POLEY

ENTRE CANTE Y COPLA
POESÍA FLAMENCA PALO A PALO

A los hombres y mujeres que tanto lucharon,

y aún lo siguen haciendo cada día

por conservar y engrandecer este ARTE,

declarado Patrimonio Inmaterial de la Humanidad.

Aquí os dejo unas coplas
que no quiero que sean mías,
sino del viento que sopla
llevando estas poesías.
Para que el pueblo las cante,
haciendo suyas mis letras
y que el pueblo sea el garante
de los versos del poeta.

AGRADECIMIENTOS

A Susana Romero Alonso, gran cantaora flamenca, que ha tenido la amabilidad de prestarme su imagen para ilustrar la portada de este libro.

A Francisco Zuera Cano, por cederme desinteresadamente la magnífica fotografía que le realizó a Susana Romero durante una actuación.

A Juan Alarcón Almoguera, por su amistad, su generosidad y sus cariñosas palabras recogidas en el prólogo.

A Juan Manuel Pérez Gómez, por la corrección de los textos y sus siempre acertados consejos.

A Manuel García Cabrera, por su inestimable ayuda en el montaje de la cubierta de este libro.

Y a ti, querido lector o lectora, por haber adquirido este libro, esperando que sea de tu agrado y te ayude a conocer un poco más sobre las letras y los palos del flamenco.

PRÓLOGO

«El flamenco es poesía cantada», dice el autor de este libro, pero yo no quiero prologar un libro de flamenco, que no sabría, entre otras razones, porque no soy un flamencólogo; sí es mi intención prologar al hombre que lo ha escrito.

Cuando Antonio Machado, en 1908, publicó en *Campos de Castilla* aquel *Retrato*: «soy, en el buen sentido de la palabra, bueno», se refería a su propia condición de buen ciudadano y, pasado el tiempo, lo hemos adoptado el resto de los hombres para referirnos a personas como Francisco Pozo Poley, un hombre bueno y valiente.

Un ciudadano ejemplar, porque, para nuestro amigo Curro, el hombre es la medida de todas las cosas; no la ideología, no la posición económica, no la conveniencia egoísta, no los laureles, sino una vocación de servicio al prójimo y una convivencia solidaria y pacífica.

Así podemos explicar sus años de servicio como concejal de Cultura, su dedicación desinteresada a la Asociación Cultural de Estudios Iptucitanos, el Noticiero Pradense y en el Ateneo Cultural Almajar.

De profesión carpintero, durante los muchos años de su vida laboral, uno de los oficios más antiguos y nobles que existen. No se puede ser buen carpintero sin ser artista. Rehabilitar, restaurar, reparar… en resumen, hacer de lo viejo algo nuevo. Así se ha ido amoldando el espíritu de este poeta del que hablamos.

Francisco Pozo ha ido manejando los elementos que han forjado su vida para formar su mundo poético, para convertirse en un obrero, artesano de la palabra. Su poesía lleva el bello precinto de la palabra de un hombre hecho a sí mismo. Pozo Poley tiene todos los registros de la bondad en su doble condición de hombre y de poeta, por eso nos emocionan doblemente sus versos.

Tiene una voz viva, ancha y humilde. Es el poeta del pueblo, nuestro poeta, el poeta de Prado del Rey, siempre presente en todas las actividades culturales que aquí se desarrollan, formando parte del latido alegre de Prado del Rey.

Es hombre que camina a pecho descubierto, donde su poesía condena el hambre y el dolor, la guerra y el odio sin ambigüedades. Es un poeta de testimonio. Su autenticidad no está oculta, sino a la vista de todo y de todos, como un amor en carne viva.

Dice nuestro escritor, hablando del flamenco, que en este es fundamental el uso de palabras sencillas, de fácil pronunciación y comprensión, y matiza: «el ritmo interno de las palabras le dará a la copla una mejor sonoridad melódica». Francisco Pozo es delicado en la queja flamenca de sus poemas. Cómo no mencionar sus muchos años de miembro del jurado del Concurso Nacional de Cantes por Serranas, patrimonio de Prado del Rey, por el que ha luchado incansablemente.

Tiene este pradense marcada sus preferencias y sus protectoras influencias: hermanado a la tierra con Miguel Hernández y hermanado al flamenco por García Lorca.

Sabe que la palabra es la redención de los hombres y Curro hace de la palabra escrita un culto a la verdad y a la honestidad limpia de su corazón.

Una de las grandezas de este poeta del que hablo es que, en un solo poema, en un solo gesto, cabe él todo entero. Un hombre todo corazón, sencillez y vocación literaria, que en su juventud se dejó impregnar por dos grandes maestros ya citados, que, unidos a Gustavo Adolfo Bécquer, en esa hermosa lírica que es la poesía amorosa, e impregnado de la más difícil de las virtudes machadianas, la bondad. No le faltó talento y sensibilidad a nuestro hombre a la hora de elegir maestros.

Escribe y escribe desde los dieciséis años, época de adolescencia cuando ya estaba desnudando su alma ante la soledad del folio en blanco. Estaba naciendo el poeta de la naturaleza, del cante y del amor.

Sentimos una profunda admiración, gratitud y cariño ante la obra de este poeta del pueblo, que nos habla con aparente sencillez de la compleja vida humana.

Si uno tiene suerte en la vida, nace con amor bajo el brazo, y suerte ha tenido nuestro poeta, enamorado desde su juventud de su musa y compañera, Isabel, madre de Adán y Alba. El poeta pudo decirlo, con rotundidad y expresividad poética, en un alargado arco de supervivencia amatoria.

Ahí están sus poemarios. *Primeros Versos, Poesía para la Navidad, Desnuda sencillez, Con el corazón y la palabra*, entre otros.

Pocas veces se produce tanta unanimidad a la hora de valorar a una persona como la que se da en torno a nuestro amigo Curro, y este que escribe no hace más que convertirse en portavoz de tantos y tantos hombres y mujeres que lo quieren.

Qué mejores palabras para terminar, que las que nuestro poeta escribe para comenzar este libro:

«Aquí os dejo unas coplas, que no quiero que sean mías, sino del viento que sopla, llevando estas poesías».

Cádiz/Prado del Rey, noviembre de 2023.
Juan Alarcón Almoguera

INTRODUCCIÓN

El 16 de noviembre de 2010, la UNESCO declaraba el flamenco Patrimonio Cultural Inmaterial de la Humanidad. Un gran reconocimiento que venía a reforzar la importancia de esta seña de identidad y expresión artística del pueblo andaluz, que ya va camino de cumplir sus primeros doscientos años.

No cabe duda de que el flamenco ha servido de inspiración y punto de partida para las bellas artes música, danza, literatura, cine, pintura o escultura. Lejos ha quedado ya aquella imagen superficial y peyorativa que tachaba al flamenco y a sus artistas de «juergas para señoritos» o de «folclore de charanga y pandereta». Buena prueba de este importante cambio en la concepción que se tenía del flamenco son los numerosos simposios y estudios que sobre este arte se vienen realizando en los últimos años y el interés que dichos estudios siguen despertando entre artistas, flamencólogos, pensadores y ensayistas, no solo de nuestro país, sino en muchas partes del mundo.

El flamenco es poesía cantada al compás de una o varias guitarras, de otros instrumentos musicales o del acompañamiento de palmas y percusión, que le dan a las letras, o coplas, una mayor expresividad y sentimiento, para que puedan llegar mejor hasta nosotros y acariciarnos el alma. Por esa razón, cada letra o copla debe adaptarse a una métrica exacta y a una melodía concreta, además, debe tener una temática acorde con el tipo de palo flamenco en el que se va a interpretar dicha letra, pues el contenido trágico y triste de una letra escrita, para ser interpretada en una seguiriya, no puede cantarse por alegrías, bulerías ni otros cantes festeros.

Aunque, excepcionalmente, existen algunos palos flamencos que no llevan acompañamiento de guitarra, como los del grupo de las tonás, todos los demás cantes flamencos se interpretan acompañados de un toque de guitarra o de otros instrumentos, como antes he mencionado. Por lo que cualquier clase de cante debe apoyarse en tres pilares fundamentales para conseguir una buena ejecución y llegar claramente a quienes lo escuchan:

-Que el cantaor tenga unas buenas cualidades para poder desarrollar el cante que se desea interpretar.

-Que consiga una buena sintonía con el guitarrista y un perfecto acoplamiento con el toque de la guitarra, palmas o percusión.

-Y que el cante que interprete esté basado en unas letras que nos pongan los vellos de punta y nos den eso que en el flamenco se llama «un pellizco».

Si se cumplen estas tres premisas, la conexión y complicidad con el público que escucha al artista estará casi siempre asegurada.

Para interpretar y comprender mejor cualquier cante o palo flamenco, hay que saber distinguir entre versos melódicos y versos literarios, ya que los versos melódicos son los que se ejecutan en cada letra o cante, aunque algunos de ellos vayan repetidos o redoblados. Por ejemplo: un fandango suele estar compuesto por una estrofa o copla de cinco versos literarios, denominada «quintilla octosílaba asonante», en la que, al interpretarse, se repite el primer verso tras cantar el segundo, sumando así seis versos melódicos. O bien, puede estar compuesto por una estrofa o copla de cuatro versos literarios, en la que se repiten o redoblan dos de sus versos, por lo que el número de versos melódicos que termina teniendo un fandango es también de seis.

Muchos de los cantes flamencos que han llegado hasta nuestros días lo han hecho a través de la trasmisión oral, por cantaores que los fueron adaptando a su propia forma de decirlos, por lo que la métrica de algunas coplas, letras o cantes se ha podido modificar con el paso de los años. Así, nos podemos encontrar con coplas o letras antiguas de métrica octosílaba, que presentan algún verso con siete o con nueve silabas, pero que, al interpretarlas, el cantaor las mete a su manera dentro del compás de la guitarra consiguiendo finalmente una buena ejecución del cante. Si bien es cierto que cuando una letra está perfectamente medida en su composición y con el ritmo interno adecuado al cante al que va destinada, es mucho más fácil de interpretar por cualquier artista.

En el flamenco, cada estrofa, letra o tercio suele formar una unidad temática independiente de las demás, aunque vayan interpretadas varias letras juntas dentro de un mismo palo, como, por ejemplo, en las soleares, seguiriyas o bulerías. Sin embargo, hay algunas clases de cantes en los que la temática de las estrofas de sus letras sí están relacionadas entre sí, como pueden ser las serranas, milongas, vidalitas, tangos, alegrías, peteneras, granaínas, zambras, etc. Estos tipos de cantes los he recogidos con sus series de estrofas delimitadas por unos asteriscos.

A la hora de escribir o componer una letra para ser cantada en cualquier palo flamenco, se deben de tener en cuenta varios factores: el uso de palabras sencillas de fácil pronunciación y comprensión, el ritmo interno de las palabras que le darán a la copla una mejor sonoridad melódica y, sobre todo, que el contenido de cada letra exprese claramente los sentimientos y emociones que nos quiere transmitir el cantaor, ya sean de dolor, tristeza, esperanza, amor o alegría. Porque una de las grandezas del flamenco es que todos los sentimientos y emociones del ser humano pueden caber en una sola copla o cante.

En cuanto a la métrica de los versos empleados en las letras del cante flamenco, el octosílabo de rima asonante (verso de ocho sílabas) es el más empleado en una inmensa mayoría de letras o cantes flamencos. Le siguen los heptasílabos (versos de siete sílabas), hexasílabos (versos de seis sílabas) y pentasílabos (versos de cinco sílabas) de rima asonante. Estos tres últimos son empleados en cantiñas, seguiriyas, serranas, livianas o tangos, entre otros.

Las estrofas más empleadas en las letras flamencas que componen los cantes que se interpretan en la actualidad, como iremos viendo a lo largo de este libro, son: de tres versos octosílabos con rima asonante, denominadas tercerillas o soleá chica; de cuatro versos octosílabos, con rima asonante en los pares, denominada copla, cuarteta de romance, cuarteta asonantada o tirana; de cinco versos octosílabos, con rima asonante, denominada quintilla; y de seis versos octosílabos, con rima asonante, denominada sextilla. Hay también algunas estrofas de siete versos, denominadas seguidillas compuestas, que se consiguen por la unión de una copla de cuatro versos de rima asonante (dos heptasílabos y dos pentasílabos) y una de tres versos (dos pentasílabos y uno heptasílabo). Y así, siguiendo con la suma de varias composiciones métricas, se pueden interpretar coplas de ocho, nueve, diez o más versos melódicos, aunque estos son una minoría.

También puede darse el caso de encontrarnos con alguna cuarteta o redondilla de rima consonante, pero no es muy normal en el flamenco. Todas estas combinaciones de versos y estrofas, que se utilizan en el flamenco, las podremos ver más claramente en el apartado dedicado a cada letra, copla o cante.

El flamenco, a diferencia de otros estilos musicales, tiene la virtud de poder recoger en una sola estrofa de tres, cuatro o cinco versos la sentencia sentimental de casi toda una vida.

Las letras del flamenco, generalmente, se sustentan sobre los grandes temas vitales del ser humano: el amor, el desamor, el paso del tiempo y, cómo no, el más importante y trascendental de todos los temas: la muerte.

Todos estos temas son tratados en la poesía flamenca con una pasión y una sensibilidad que no se da en ningún otro estilo musical. A ello hay que añadirle, por lo general, la gran interpretación que suelen hacer los cantaores para intentar transmitir, mediante desgarrados *quejíos*, toda la fuerza, pasión y sentimiento que fue capaz el poeta de describir en cada letra.

Otra de las características peculiares que distingue al cante flamenco de otro tipo de canciones es lo que podríamos llamar «adornos fonéticos» y que Ricardo Molina y Antonio Mairena llamaron «Glosolalias». Un conjunto de sílabas sin sentido que suelen emplearse como introducción en algunos cantes o tercios y que le imprimen un mayor ritmo y compás, ayudando así al cantaor a entrar en el tono y la melodía más fácilmente. Los ejemplos más conocidos son: *Ay, ay, ay; tiritritrán, tran, tran; lerelelere; lolailo, lailo; torrotrón, torrotrón; tiritiaa* y algunos otros.

Que el flamenco está necesitado de nuevas letras y de ampliar los estilos existentes, no lo discute ya nadie. En los muchos concursos y festivales de flamenco que se celebran en nuestra geografía, se puede apreciar claramente la escasez de nuevas letras flamencas en casi todos los palos que se interpretan actualmente, principalmente, en los de los cantes más jondos. Este es un problema que se viene dando desde hace muchos años, ya que la mayoría de cantaores suelen repetir, tanto en concursos como en otras actuaciones, casi las mismas letras y estilos que se llevan escuchando desde hace más de sesenta, setenta u ochenta años, lo que hace muy difícil que nuestro flamenco pueda evolucionar hacia nuevas letras y estilos.

Esto no quiere decir que se dejen de interpretar los legendarios estilos de los grandes intérpretes que hicieron historia en el mundo del flamenco y que tanto han contribuido a que este arte tan nuestro haya llegado adonde ha llegado, sino que las nuevas generaciones de cantaores tengan también la oportunidad de poder interpretar nuevas letras y temáticas más acordes con los tiempos que corren, dándole su propia impronta y creando así nuevos estilos que amplíen y enriquezcan nuestro panorama flamenco. Tengamos en cuenta que durante el pasado siglo xx se crearon una gran cantidad de cantes y estilos nuevos y que, además, también se siguieron interpretando los viejos cantes y estilos del siglo anterior. Pero en lo que llevamos de este siglo xxi, en mi opinión, esa creación de nuevos estilos y, sobre todo, de letras, no se está produciendo.

Eso me ha animado a publicar este libro en el que incluyo una variedad de letras para ser interpretadas en más de una treintena de palos flamencos. Al comienzo de cada conjunto de letras o cantes se aporta una pequeña explicación sobre la métrica y temática empleada en cada palo, así como una breve reseña de este. No se trata de ofrecer una amplia información de cada palo en cuestión, de su acompañamiento a guitarra o baile, ni de sus orígenes o creadores —ya que ese tema está muy bien documentado en otras publicaciones especializadas en el flamenco—, sino de aportar algunos datos imprescindibles para un mejor conocimiento de la estructura y composición poética de las letras que componen cada palo flamenco aquí recogido, cuya distribución está establecida por orden alfabético.

Francisco Pozo Poley

ALEGRÍAS

Las alegrías son un palo flamenco perteneciente al grupo de las cantiñas, muy característico de la ciudad Cádiz y su entorno. Como su nombre indica, es un cante vivo y alegre, que requiere mucho compás y cierto desenfado a la hora de interpretarlo. Tiene su origen en los emigrantes aragoneses que fueron a Cádiz, durante la Guerra de la Independencia. La fusión de la jota aragonesa con el folclore de la Baja Andalucía dio como resultado una especie de jota gaditana, que se fue aflamencando durante el segundo tercio del XIX, derivando en las actuales alegrías que hoy conocemos.

Estructura métrica

Está compuesta por varias coplas o cuartetas octosílabas de rima asonante, de seguidilla, o también por tercerilla pentasílaba en algunos juguetillos o estribillos.

ALEGRÍAS

Escucha, prima, este cante,
que suena por la bahía,
es tan alegre y galante
que lo llaman alegrías.

Si quieres que yo te enseñe
lo más bonito que hay,
te voy a enseñar los pueblos
de la provincia de Cádiz.

No existe mayor embrujo
ni belleza más completa
que ver la puesta de sol
una tarde en La Caleta.

Aunque me gustan sus playas
y el embrujo de sus calles,
lo que más me gusta de Cádiz
son sus cantes magistrales.

No cambio por ninguna
esta tierra mía,
que es la cuna del arte
y de la alegría.

De la alegría, madre,
de la alegría,
yo por ninguna cambio
esta tierra mía.

★★★

Con un cante por cantiñas
alegre, voy recordando
aquellas voces de Cádiz
que a mí me enseñaron tanto.

Un eco va recorriendo
los puertos de la bahía,
es la voz de Camarón
cantando por bulerías.

Ya suenan los acordes
de una guitarra
al compás de un *quejío*
que se desgarra.

En una radio, cantando,
se escuchaba a Pericón,
qué grande sería su arte
que me llegó al corazón.

Mi Cádiz tuvo la suerte
y el orgullo de tenerlas,
las voces incomparables
de Mariana y La Perla.

Canta Chano Lobato
por alegrías,
con su gran repertorio
de fantasía.

★★★

Por los barrios de mi *Cai*
yo me quiero pasear
y contemplar La Caleta
o la muralla real.

Si vienes a la *Tacita*,
verás las cosas que hay,
te enseñaré, prima mía,
lo más bonito de Cádiz.

El barrio Santa María,
La Viña y El Mentidero,
El Pópulo y El Balón,
y San Juan, a *tos* los quiero.

Mi orgullo es haber nacido
en esta bendita tierra,
que extiende su paraíso
de la bahía a la Sierra.

Cuando me voy de *Cai,*
siempre me llevo
una estampa, que miro
mientras que vuelvo.

Mientras que vuelvo, niña,
mientras que vuelvo,
una estampa de *Cai*
siempre me llevo.

★★★

Una copla marinera
se escucha por la bahía,
en una barca pesquera,
a las claritas del día

Acariciando las olas,
mi barca va navegando,
collares de caracolas,
el mar le va regalando.

Y yo te regalaría
las perlas que hay mar adentro
con tal de que fueran mía,
niña de los ojos negros.

Con tal de tener tus besos,
los mares yo cruzaría
si me esperaran tus ojos,
sonriendo en la bahía.

Tú sabes que es de veras
lo que te digo:
Que solo a ti te quiero.
¡Vente conmigo!

Si tú me la pidieras,
serrana mía,
hasta mi vida entera
yo te daría.

★★★

Mi Cádiz tiene la gracia,
el misterio y el salero
y una historia milenaria
envidia del mundo entero.

Tiene dos siglos de coplas,
de coros y carnavales,
comparsas y chirigotas
y cantaores geniales.

Mi Cádiz tiene dos puentes
sobre su hermosa bahía,
para que vea mucha gente
sus encantos y alegría.

Y al mirar su puente nuevo,
cuando yo vengo de fuera,
me parece que estoy viendo
un gran barquito de velas.

Y me paso las horas
en La Caleta,
mirando los barquitos
cómo se acercan.

Mirando sus encantos
paso los días,
cautivo en el embrujo
de la bahía.

★★★

Cantando por alegría
ya vuelven los pescadores
de la dura mar bravía,
después de tantos sudores.

Lo mismo que los barquitos,
que se pierden en el mar,
se van perdiendo mis penas
cuando te veo bailar.

De verte, niña, bailar,
de verte, niña, reír,
mi corazón, que es barquito,
solo navega por ti.

Si tú me das tu querer,
te ofrezco mi vida entera,
que como yo a ti te quiero,
no encontrarás quien te quiera.

Yo tengo una casita
en la serranía,
desde allí veo las luces
de la bahía.

Me siento cada noche,
las miro y pienso…
ya estará mi morena
casi durmiendo.

BAMBERA

La bambera es un palo flamenco perteneciente al grupo de las soleares. Tiene sus orígenes en las tradicionales canciones de columpio, propias del folclore tradicional andaluz; de ahí, que también se llame a este estilo como «cante del columpio o de la bamba». Su aflamencamiento se produjo en la primera mitad el siglo XX y algunos flamencólogos se lo atribuyen al cantaor sevillano Pepe Pinto, que las interpretó en 1935.

Estructura métrica

Está compuesta por tres o cuatro coplas de cuartetas octosílabas asonantadas, que, mediante la repetición de dos de sus versos, consigue un cante de seis versos melódicos, o bien, de tres coplas de quintilla, en las que se redobla el segundo verso, resultando también un cante de seis versos melódicos.

BAMBERAS

Te vi una tarde en la bamba
y desde entonces no duermo,
y desde entonces no duermo.
Tu cuerpo se columpiaba
mientras lo mecía el viento.
Te vi una tarde en la bamba.

Los ojitos de tu cara
me están quitando el *sentío*
y cada vez que me miran
me vuelven loco *perdío*.

Mirando por mi ventana,
me paso tardes enteras,
esperando a ver si pasas
con tu hermana por la acera.

Pero me llega la noche
otra vez y no pasaste.
¡Ay!, morena, dime, ¿dónde?
¿Dónde y con quién te quedaste?

★★★

Escucha, niña bonita,
esta copla tan sincera.
Que las penitas se olvidan
cuando suena una bambera.

Con esa mirada tuya
me vuelves loco, morena,
y cada vez que me miras,
me quitas todas las penas.

Tan solo, niña, con verte,
me alegras el día entero,
con qué poco me conformo
de tanto como te quiero.

Morenita de mis sueños,
qué culpita tengo yo
si al mirar tus ojos negros
se me nubla la razón.

★★★

En la bamba hay una niña
a la que están columpiando.
Ella me mira y sonríe
y yo le sigo cantando.

No sé qué tendrán sus ojos,
que cada vez que los miro,
a mi pobre corazón
se le escapa algún suspiro.

La niña se está meciendo
al compás de una bambera
y a mí, que la estoy mirando,
el pulso se me acelera.

No puedo borrar su nombre
de mi torpe pensamiento,
ni de día ni de noche,
ni dormido ni despierto.

★★★

La niña que está en la bamba
me está mirando y mirando,
mientras se mueve su falda,
porque se está columpiando.

Para verla en su columpio
yo me paso cada tarde.
Se mueve como los juncos,
¡qué elegancia al columpiarse!

No sé qué tendrá esa niña,
que me ha *robao* el *sentío*
y cada vez que me mira,
me vuelve loco *perdío.*

Soñando con camelarla
me paso noches enteras,
yo quisiera conquistarla
cantándole una bambera.

BULERÍAS

La burlería o bulerías es uno de los palos más conocidos y festeros del flamenco. Pertenece al grupo de las soleares, pero su ritmo es mucho más vivo y los temas que se interpretan en sus letras son más alegres y desenfadados.

Las bulerías nacieron en el último cuarto del siglo XIX. Casi todas las juergas flamencas suelen terminar con un fin de fiesta por bulerías. Aunque ahora gozan de mucha difusión, las bulerías en un principio fueron consideradas como un mero cante festero sin mucha importancia.

Se cree que las bulerías pudieron nacer en Jerez de la Frontera, en el último cuarto del siglo XIX, al rematar aceleradamente las soleares. Es el único estilo flamenco en el que pueden cantarse muchos tipos de letras, ya que admite una serie de combinaciones métricas muy variadas.

Estructura métrica

La bulería es uno de los cantes flamencos que más composiciones métricas pude aceptar, ya que suelen estar compuestas por varias coplas: tercerilla o soleá corta, por cuarteta octosílaba de rima asonante, pentasílaba o hexasílaba ,y también, de seguidilla o quintilla.

BULERÍAS

Vente tú, a la vera mía,
que tengo para ofrecerte
felicidad y alegrías.

Si tú te vienes conmigo,
comprobarás enseguida
que es verdad lo que te digo.

Lo digo y no me arrepiento:
que me tienes *embrujao*,
que por ti bebo los vientos.

Mira si yo te quería,
que tan solo con mirarte,
me alegrabas todo el día.

No me sigas provocando,
que soy un hombre casado
y está mi mujer mirando.

No me cameles, serrana,
que solo puedo quererte
como si fueras mi hermana.

Aunque el mundo nos condene,
me escaparía contigo
si tú conmigo te vienes.

No sé, niña, qué tendrás,
que el mundo entero se para
cuando sales a bailar.

Mira si yo te quería,
que por estar a tu vera,
renuncié a lo que tenía.

Que larga es la *madrugá*
esperando a ver tu cara
para poderte besar.

Desde tu casa a la mía
he hecho una *vereita*
de las veces que paso al día.

Aunque te quedes callada,
lo que me niegan tus labios,
me lo dice tu mirada.

Si me besarán tus labios
sabrías, gitana, guapa,
cómo yo te estoy amando.

Este querer me apabulla
y no concibo mi vida
si no es a la vera tuya.

Yo no quiero más fortuna
que poder besar tus labios
bajo la luz de la luna.

No me mires a la cara,
que cada vez que me miras,
el corazón se me para.

Es tanto lo que la quiero
que no me importa que sepa
que por ella yo me muero.

No quiero ofenderte,
Pero, aunque quisiera,
no podría quererte.

Que las estrellas
me invitan cada noche
a soñar con ella.

Entre cante y palmas,
te encontré una noche
y me robaste el alma.

Yo nací para cantar,
quien no lo pueda entender,
que no me intente cambiar.

No hay un cante más festero,
con más compás y alegría,
con más arte y más salero,
que un cante por bulerías.

Serrana, si me quisieras,
el más feliz yo sería,
la luna que me pidieras,
la luna yo te daría.

Desde aquella tarde alegre
que nos miramos los dos,
algo me dijo muy dentro
que serías mi gran amor.

Por el día de tu santo
yo te quiero regalar
un traje de seda blanco
para llevarte al altar.

LA CAÑA

La caña es un palo flamenco primitivo, anterior a la soleá, aunque en su evolución tomó de esta su ritmo y su compás. La caña deriva de coplas y canciones andaluzas de los siglos XVIII y XIX, según Manuel Ríos Ruiz, y es considerado como el palo más importante que se aflamencó en el segundo cuarto del siglo XIX. En sus inicios, tiene unos *ayes* parecidos al de los polos, aunque claramente diferenciables de estos. Se cree que su origen está en Ronda, ya que, además de su parecido con la rondeña, en algunos machos se repite la frase «¡*Arsa* y viva Ronda!».

Estructura métrica

Está compuesto por una copla o cuarteta octosílaba de rima asonante. Suele terminarse con un macho o copla de cambio, normalmente, una tercerilla, que termina repitiendo el último verso de la copla o estrofa.

Algunos cantaores suelen terminar la interpretación de este cante con una soleá.

CAÑAS

Va despacio y *encorvao*,
con las manos *arrugás,*
le pesan tanto los años
que apenas si puede andar.

Cuando veas a un abuelo,
trátalo con dignidad,
no olvides que por ti dieron
su vida y su libertad.

A esa que tú llamas vieja,
yo te he visto despreciar,
porque alguna vez se queja
que no puede caminar.

No puedo seguir callando
este querer que me aprieta,
o te digo lo que siento
o el corazón me revienta.

Entre tu casa y la mía
hay un camino muy corto,
que se agranda cada día
cada vez que lo recorro.

No me mires de esa forma,
altanera y arrogante,
ya sé que no te conformas
con que no sea tu amante.

Fíjate cómo he cambiado.
Las vueltas que da la vida.
Yo me arrastraba a tu lado
y ahora soy yo quien te olvida.

Que nadie muere de amor,
he escuchado muchas veces
o me estoy muriendo yo
o mucho se le parece.

Desde que tú me dejaste
mi mala suerte no para,
de tanto besar tu foto
se está borrando tu cara.

Tú sabes mejor que nadie
lo mucho que te quería,
que si se acabó lo nuestro,
fue por tu culpa, no la mía.

No digas que eres mi amigo,
tan mentiroso y farsante,
yo que tanto te apreciaba,
por detrás me apuñalaste.

Vas diciendo por ahí
que eres tú quien me ha dejado,
porque no quiero decir
lo que he sufrido a tu lado.

CARCELERA

Las carceleras son un palo flamenco primitivo, sus letras recogen las penalidades de los presidiarios. Perteneciente al grupo de las tonás (cante primitivo básico), estilo del que deriva y, como estas, se interpreta sin acompañamiento de guitarra. Se aflamencó en el segundo cuarto del siglo XIX. Hay algunas variedades de carceleras, pero están asociadas a otros palos, como las saetas por carceleras o seguiriyas rematadas con carceleras.

Estructura métrica

Este cante está compuesto por copla o cuarteta octosílaba de rima asonante.

CARCELERAS

Yo tengo por compañera
la amargura noche y día,
ni a mi peor enemigo
le doy yo las penas mías.

Hasta la luna en el cielo
lleva un lucero a su lado
y yo estoy en esta cárcel
solito y desamparado.

Yo prefiero vivir solo
que no mal acompañado,
no quiero contarle a nadie
las penas que yo he pasado.

Ni a mi peor enemigo
le deseo yo esta pena,
mejor quisiera estar muerto
que cumpliendo esta condena.

¡Tanto decirme te quiero
y que nunca me olvidarías,
y llevo dos años preso
y no has venido ni un día!

Aquí me encuentro, entre rejas,
por un falso testimonio,
cada vez que lo recuerdo
se me llevan los demonios.

Bien sabe Dios que la culpa
era de otro y no mía,
pero una injusta condena
me ha destrozado la vida.

Mirando las golondrinas,
me paso horas enteras.
¡Qué envidia me da mirarlas!
Prisionero en esta celda.

Ser pobre no es un delito
ni es un pecado mortal,
hay ricos muy bien vestidos
que no paran de robar.

Las rejas de mi ventana,
testigo de mi amargura,
donde presa tengo el alma
en esta cárcel oscura.

Qué amargo es el desengaño
si se quiere de verdad.
Puse mi vida en tus manos
y me heriste sin piedad.

CARTAGENERA

Como su nombre indica, la cartagenera es un palo flamenco característico de Cartagena y procede del fandango folclórico tradicional y de la taranta. Pese a pertenecer al grupo de los cantes de Levante, su temática no suele ser minera, sino de temas locales de la tierra donde nacieron estos cantes.

Estructura métrica

Está compuesta, como el fandango, por copla de quintilla octosílaba asonante, en la que se repite parte del primer verso tras el segundo, resultando una copla de seis versos melódicos. O por copla o cuarteta octosílaba asonante, en la que se repiten o redoblan dos versos.

CARTAGENERAS

Cuna de cantes mineros,
Cartagena y Mazarrón,
cuna de cantes mineros,
que le cantan a la unión,
los cantares jornaleros
en las minas del carbón.

Lo besa la mar bravía,
su manto blanco y bordado,
lo besa la mar bravía,
Cartagena, yo he soñado,
que era un faro en tu bahía
para estar siempre a tu lado.

Tierra de sangre minera
y orgullo de aventureros,
tierra de sangre minera,
te cantan los marineros
bonitas cartageneras
cuando vuelven sus veleros.

¿Qué futuro le espera
al oficio del minero?
¿Qué futuro les espera?
Se ve tan duro y tan negro
como el carbón que a la piedra
le arrancan los barreneros.

En mi estancia en Cartagena
me enamoré sin quererlo,
en mi estancia en Cartagena.
No fue posible lo nuestro
y me fui para mi tierra
con una penita dentro.

Bonita, cartagenera,
no sé lo que me darías,
bonita, cartagenera,
que se me quedó la vida
allá en la cuenca minera
donde yo te vi aquel día.

Que te adoro y que te quiero,
vas diciendo por ahí,
que te adoro y que te quiero,
y el apartarme de ti
fue el mayor de mis aciertos
después de tanto sufrir.

Tu palabra vale menos
que las monedas de lata,
tu palabra vale menos.
Tus mentiras te delatan
y tu lengua de veneno
lanza blasfemias que matan.

COLOMBIANA

La colombiana o colombianas es un palo flamenco del grupo de los denominados «de ida y vuelta». Fue creado como palo flamenco y grabado por el genial Pepe Marchena en 1931, inspirándose en la música tradicional hispanoamericana. En su ritmo se aprecian influencias de la música cubana y también se asemeja melódicamente a los tangos y a las guajiras.

Estructura métrica

Este cante está compuesto, normalmente, por copla de seis versos octosílabos de rima asonante o por cuarteta de romance, con repetición en dos de sus versos melódicos.

COLOMBIANAS

Hoy canto con alegría
las notas de mi cantar
por la hermosa tierra mía
que recorro al caminar.
El arte de Andalucía
no se puede comparar.

Escucha esta colombiana,
que es mi paloma de paz,
que viene de tierra hermana,
al otro lado del mar,
donde se mira hacia España
madre de la Hispanidad.

★★★

Tierra del arte torero
y del embrujo andaluz,
de leyenda y bandoleros,
dice la historia del sur,
que descubrió un mundo nuevo
perdido en mar azul.

Dice un lugar de la Biblia
que es un pecado mentir,
tú me juraste un día,
ante el Cristo de San Gil,
que por siempre me querrías
y te has burlado de mí.

★★★

¡Qué pena siento al mirarte!,
pequeño y bello jilguero,
¿qué delitos has cometido
para que estés prisionero?
¡Pajarillo inofensivo,
qué mal destino te dieron!

Quién te sacó de tu mundo,
cortando tu alegre vuelo
¿Qué daño fue el que le hiciste
a aquellos que te prendieron?
Por escuchar tus cantares,
entre rejas te metieron.

★★★

Yo que a ti me consagré,
embrujado por tu amor,
hoy recuerdo aquel ayer
que nos quisimos los dos
y de pensar cuánto te amé
se me parte el corazón.

No creas que estoy contento
porque me escuches cantar,
que canto a cada momento
pa'que no me vean llorar,
pero a mi triste tormento
nunca lo puedo engañar.

DEBLA

Este es un palo flamenco primitivo, perteneciente al grupo de las tonás, de las que deriva y, también como estas, se interpreta sin acompañamiento de guitarra. Se aflamencó en el segundo cuarto del XIX y está emparentada con el martinete y la carcelera. Algunas saetas se terminan por deblas y también hay seguiriyas rematadas por debla.

Estructura métrica

La debla está compuesta por copla o cuarteta octosílaba asonante y su temática suele ser de carácter melancólico.

DEBLAS

A la virgen le he contado
lo que he sufrido contigo,
¡qué pena no le habrá dado!,
que hasta lloraba conmigo.

Hoy te he visto y he llorado,
qué extraño, quien lo diría,
que después de tantos años
aún te quiera todavía.

Tú no quieres darte cuenta
que lo nuestro ha terminado,
que fue como una tormenta
que los vientos se han llevado.

Al señor crucificado
le pedí que me quisieras
y en sueños me ha aconsejado
que me aparte de tu vera.

Aunque naciera cien veces,
yo volvería a quererte
y ser preso de tus labios,
aunque me dieran la muerte.

FANDANGO

El fandango es, quizás, uno de los palos más conocidos del flamenco y que más variedades de estilos presenta en cuanto a su interpretación. Procede del fandango folclórico tradicional. Está considerado uno de los cantes básicos más populares y aplaudidos, que, junto con las tonás, soleares, tangos y seguiriyas, procede del folclore autóctono andaluz y español, y del que derivan otros palos.

Existen muchas versiones sobre el verdadero origen del fandango y su lugar de nacimiento, aunque muchos coinciden en que tuvo lugar en la provincia de Huelva y, más concretamente, en la localidad de Alosno.

Del fandango tradicional folclórico derivaron también las malagueñas, tarantas, granaínas, rondeñas, fandangos de Lucena, etc. En todas las provincias andaluzas, hay numerosas comarcas y localidades que tienen su propio estilo de fandango flamenco.

Estructura métrica

Está compuesto por una estrofa o copla de quintilla octosílaba asonante, en la que, generalmente, se repite el primer verso tras el segundo, aunque también puede componerse por una copla o cuarteta octosílaba, que, mediante la repetición de dos de sus versos, termina teniendo seis versos melódicos. Esta fórmula métrica, como podremos ver, está empleada en muchas clases de cantes.

Fandango *abandolao*

El fandango *abandolao* es propio de la provincia de Málaga y su origen procede del fandango folclórico tradicional andaluz.

Como el resto de fandangos, está compuesto por una copla de quintilla octosílaba asonante, en la que, generalmente, se repite el primer verso tras interpretarse el segundo, aunque, también, mediante la repetición de alguno de sus versos, puede componerse por una copla o cuarteta de romance.

FANDANGOS

Yo nací en Prado del Rey,
que también jardín lo llaman.
Yo nací en Prado del Rey,
la cuna de la serrana.
Siempre aquí me encontraréis,
en la sierra gaditana.

Le canto a Prado del Rey,
con el alma este fandango,
le canto a Prado del Rey,
este pueblo gaditano
que otro más no encontraréis
tan bonito y tan serrano.

Qué suerte haberte tenido
tantos años a mi vera,
qué suerte haberte tenido.
Mi amada y fiel compañera,
yo me estaría contigo
viviendo otra vida entera.

La vida me hizo un regalo
al ponerte en mi camino,
la vida me hizo un regalo.
Y tú me diste dos niños,
toda tu vida a mi lado,
y amor, respeto y cariño.

Yo nací con dos orgullos,
bien lo sabes, madre mía,
que nací con dos orgullos:
uno el ser de Andalucía
y el otro es ser hijo tuyo.
¿Qué orgullo más pediría?

Que no hay cariño más grande
que aquel que nos da una madre,
que no hay cariño más grande.
Serrana, no me compares,
que le debo hasta la sangre
a la santa de mi madre.

Hay quien dice que de pena
nadie se puede morir,
hay quien dice que de pena,
yo digo que no es así,
que mi pobre madre buena
murió de tanto sufrir.

Más respeto por aquellos
que van despacio al andar,
más respeto por aquellos,
si no pueden caminar
es porque tienen su cuerpo
destrozao de trabajar.

El alzhéimer tan dañino
va creciendo cada día,
el alzhéimer tan dañino.
La que tanto me quería,
hoy le dije, «hola, cariño»,
y ya no me conocía.

Siempre me decía mi padre:
«¡Hija mía, ten cuidado!»,
siempre me decía mi padre:
esta vida es un regalo,
no dejes que te la amargue
ningún querer desgraciado.

Yo te canto, padre mío,
aunque me ahogue la pena,
yo te canto, padre mío.
Dios te llevó de mi vera
Y, aunque al cielo te hayas *io,*
sé que mis cantes te llegan.

Llegamos un día a la vida
descalzos y sin vestir,
llegamos un día a la vida
y nos iremos de aquí
con nuestras manos vacías,
aunque no nos queramos ir.

Hay quien trata de juzgarme
sin saber de mis heridas,
hay quien tratan de juzgarme.
Yo vivo libre mi vida,
sin pedir cuentas a nadie
pa'que nadie me las pida.

Yo reniego de este mundo,
tan ingrato y tan cruel,
yo reniego de este mundo,
que se vuelve pa'no ver
al que llaman Tercer Mundo,
que muere de hambre y sed.

Este mundo tan ingrato,
yo lo quisiera cambiar,
este mundo tan ingrato,
maldita desigualdad,
que unos pocos tengan tanto
y otros muchos *na* de *na*.

Yo maldigo a los gobiernos
que asesinan a inocentes.
Yo maldigo a los gobiernos.
Criminales indecentes,
que, por poder y dinero,
siembran el odio y la muerte.

Malditas sean las guerras
y todos los que las hacen.
Malditas sean las guerras.
Que destruyen tantos pueblos,
dejando bajo la tierra,
cientos de miles de muertos.

A mí que nunca me llamen
pa'luchar contra mi hermano.
A mí que nunca me llamen.
Que no empuñarán mis manos
ningún arma que dispare
contra otros seres humanos.

¡Yo no comprendo, Dios mío,
a esta loca humanidad!
¡Yo no comprendo, Dios mío!
Que pudiendo vivir en paz,
por culpa del desvarío,
nos tengamos que matar.

Yo maldigo aquellos hombres
que maltratan a mujeres,
yo maldigo aquellos hombres.
Asesinos y crueles,
que con violencia responden
a las que tanto los quieren.

Él le decía «te quiero»,
siempre después de pegarle.
Él le decía «te quiero».
Ella intentó de dejarle
y hoy la hallaron en el suelo
toda cubierta de sangre.

Aquel que mata a su hijo
para dañar a la madre,
aquel que mata a su hijo.
No puedo llamarle padre,
hay que llamarle asesino
y que se pudra en la cárcel.

Hay quien malgasta su tiempo
con las ansias de ahorrar,
hay quien malgasta su tiempo,
y cuando el tiempo ha gastado
más tiempo quiere comprar
con el dinero ahorrado.

Como dos y dos son cuatro,
te tendrás que arrepentir,
como dos y dos son cuatro.
Tanto me hiciste sufrir,
que el tiempo guardó mi llanto
y ahora te lo trae a ti.

Solo bien lo sabe Dios,
lo mucho que te quería,
solo bien lo sabe Dios.
Me humillaste día a día,
rompiéndome el corazón
y amargando mi alegría.

Yo soñé que me querías,
y de alegría lloré,
yo soñé que me querías.
Cuando luego desperté,
fue tanta la pena mía
que ya nunca más soñé.

Las cornadas de la vida
me retuercen de dolor,
las cornadas de la vida,
qué solito me veo yo
sin tener más compañía
que mi pena y mi sudor.

Pueblos de la sierra mía,
que brillan como luceros,
pueblos de la sierra mía,
cunita de jornaleros,
que dejaron su alegría
sembraita en los senderos.

FANDANGO DE HUELVA

Como su nombre indica, el fandango de Huelva es un palo flamenco propio de la provincia de Huelva. Su origen procede del fandango folclórico tradicional, existiendo actualmente una gran variedad de fandangos de los denominados «de Huelva».

Estructura métrica

Como todos los demás fandangos, está compuesto normalmente por una estrofa o copla de quintilla octosílaba asonante, en la que, generalmente, se repite el primer verso o parte de él tras el segundo, aunque también, mediante la repetición de alguno de sus versos, puede componerse por una cuarteta de romance.

FANDANGOS DE HUELVA

En la vida,
un día recogerás
lo que siembres en la vida.
Tú, que sembraste maldad,
tu cosecha recogida
es repudio y soledad.

Quererte,
quererte yo te juré,
mientras viviera quererte,
he muerto y no te olvidé,
ni siquiera con la muerte
de tanto como te amé.

De leyes,
yo no sé mucho de letras
ni soy un hombre de leyes,
pero si echamos las cuentas,
al rico le sobran bienes
y el pobre ni se alimenta.

La muerte,
la droga que estás tomando
es el beso de la muerte,
poco a poco irás notando
que no puedes detenerte,
aunque te vaya matando.

Al rico,
ni al que vive entre placeres,
no le tengo envidia al rico,
tengo un amor que me quiere,
el techo que necesito
y los amigos más fieles.

Amigos,
que a *tós* nos gusta cantar.
Somos un grupo de amigos,
ninguno cobramos *ná*.
Nuestro premio es el alivio
del que tiene soledad.

Mi pueblo,
si yo pudiera decir
lo que siento por mi pueblo,
cantando estaría aquí,
hasta que gritara el viento:
Que en mi Prado hay que morir.

Olvidar,
fue tan grande mi querer,
que no te puedo olvidar.
Me duele verte con él,
pero me duele a mí más,
el verte a ti padecer.

FARRUCA

La farruca es un palo flamenco relativamente joven, pertene-
ciente al grupo de los tangos. Se ha escrito que su origen viene
del folclore del norte de España, que pudo llegar a Andalucía
traído por trabajadores temporeros, a mediados del siglo XIX, y
fue aflamencándose a principios del pasado siglo XX hasta quedar
tal como lo conocemos hoy.

Estructura métrica

Este cante suele estar compuesto por varias coplas de cuar-
teta de romance o también por estrofas de quintillas octosílabas.

FARRUCAS

Tus ojos, farruca mía,
me robaron el *sentío,*
voy vagando por la vía,
solito y en desvarío.

De noche, cuando te llamo,
siempre el eco me responde:
no llames a esa Farruca
y olvídate de su nombre.

Como un niño, cada noche,
voy llorando tu querer
en los mares del reproche
sin poderlo comprender.

Lágrimas de hiel amarga
me dejaste de recuerdo,
no puedo olvidar tu cara
ni tu corazón de hielo.

★★★

Yo te lo juro, farruca,
es tanto lo que te quiero,
que solo con que me mires
retiembla mi cuerpo entero.

Con una mirada tuya
me quitas todas las penas,
los tormentos y las dudas,
con tu sonrisa, morena.

Toda una vida a tu vera,
queriendo hacerte feliz,
y cien veces que naciera
volvería a quererte a ti.

Porque yo vine a este mundo
predestinado a quererte,
con un amor tan profundo
que no lo acaba la muerte.

GRANAÍNA Y MEDIA GRANAÍNA

Debido a las afinidades que tienen entre sí estos dos palos flamencos, incluida la composición métrica, he optado por exponerlos conjuntamente.

La granaína flamenca nació en el XIX. Es un palo propio de la provincia de Granada, que procede del fandango folclórico tradicional. En algunas clasificaciones de palos flamencos, se incluye a la granaína dentro de los llamados cantes malagueños, ya que estas nacen y derivan tanto de los fandangos de Granada como de las malagueñas flamencas. También hay quien las denomina cantes de levante.

Media granaína

La media granaína es un palo flamenco cuya copla tiene la misma composición métrica que la granaína, pero se puede decir que es un cante más afiligranado y más brillante. Sus letras tienen una temática más diversa, sin hacer apenas referencias a la ciudad de Granada, como sí hace la granaína. Su creación se le atribuye al gran cantaor jerezano Antonio Chacón.

Estructura métrica

Como el resto de fandangos, la granaína y la media granaína están compuestas por una estrofa o copla de quintilla octosílaba de rima asonante, en la que generalmente se repite el primer verso tras interpretarse el segundo, aunque también, mediante la repetición de alguno de sus versos, puede componerse por una copla o cuarteta de romance.

GRANAÍNAS

¡Ay!, tierra, mora y cristiana,
embrujo de Andalucía.
¡Ay!, tierra, mora y cristiana,
Granada del alma mía,
está llorando la Alhambra,
pensando en la morería.

Dicen que llora un rey moro
en las noches de *Graná,*
dicen que llora un rey moro,
que no la supo guardar
y murió vagando solo
por no poderla olvidar.

★★★

Llorando en el Sacromonte
cantaba un gitano viejo,
llorando en el Sacromonte.
Se nos fue Manuel Vallejo,
hoy han escrito su nombre
en los tablaos del cielo.

Aquella noche la luna
lloraba en la alcazaba,
aquella noche la luna,
igual que lloró Granada,
con su penita moruna
por el que también cantaba.

★★★

Una media granaína
en la Alhambra retumbaba,
una media granaína,
no sé qué voz la cantaba,
pero si no era divina
muy poquito le faltaba.

Madre, llévame contigo,
cuando vayas a Granada.
Madre, llévame contigo,
que quiero ver si en la Alhambra
se quedaron los suspiros
de aquella guapa sultana.

★★★

Granada y Fuente Vaqueros
le lloran a su memoria,
Granada y Fuente Vaqueros,
como lloraba la historia
cuando supo el mundo entero
que habían fusilado a Lorca.

Orgullo de Andalucía,
el nombre de aquel poeta.
Orgullo de Andalucía,
que con tristeza recuerda
el paso de aquellos días
tan negros para mi tierra.

★★★

Cantando una granaína,
lloraba un ciego en la calle,
cantando una granaína.
Pobrecita de mi madre,
que siendo la más divina,
se me fue al cielo tarde.

Me dejaste en este mundo,
madre de mi corazón,
me dejaste en este mundo,
lleno de envidia rencor.
Voy solito y vagabundo,
muriéndome de dolor.

★★★

Va recordando a Vallejo,
un cante por las esquinas,
va recordando a Vallejo,
aquel de la voz divina
y de los cantes añejos
que bordó las granaínas.

El Darro y el Sacromonte,
La Alhambra y el Albaicín,
El Darro y el Sacromonte,
hoy me pasé por allí
y vi grabado su nombre
en un altar de marfil.

GUAJIRA

La guajira es un palo flamenco del grupo de los denominados «cantes de ida y vuelta». Tiene una clara influencia de los cantes hispanoamericanos, inspirado en la guajira cubana. Empezó a formar parte del cante flamenco a finales del XIX. Algunos le atribuyen su creación a Silverio Franconetti.

Estructura métrica

Está compuesta generalmente por una copla denominada «décima», aunque también las hay formadas por dos cuartetas de romance con repetición de dos de sus versos.

GUAJIRAS

Con las claritas del día
te fuiste una mañana
en un barquito a La Habana
llevándote mi alegría.
Se quedó en el alma mía
el recuerdo de tu adiós,
que me parte el corazón.
Dijiste que volverías,
pero pasaron los días
y tu barco no volvió.

★★★

Cubana de mis recuerdos,
cómo será mi penita,
que tengo una veredita
desde mi casa hasta el puerto.
Tantos días te esperaba,
que triste mi corazón
se quedó en el malecón,
prisionero del recuerdo
donde tú me diste el beso
aquel día del adiós.

★★★

Habanera de mi vida,
¿por qué te fuiste de España,
rompiéndome las entrañas
cuando yo más te quería?
Pero si una tarde vuelves,
me encontrarás en la playa,
donde siempre me besabas,
jurando que me querrías
hasta el fin de nuestros días
para que yo te esperara.

★★★

A mi puerto gaditano
ha llegado esta mañana
un barquito de La Habana
con artículos cubanos.
Café y puros habanos,
también nos trae el velero,
pañuelitos y sombreros,
que pregonan las mulatas
a cuál de ellas más guapas
con sus cantares festeros.

JABERA

La jabera es un palo flamenco propio de la provincia de Málaga, siendo uno de los más antiguos de los llamados cantes malagueños. Este palo de tipo abandolao surgió a mediados del siglo XIX.

Estructura métrica

Como el fandango, está compuesto por una estrofa o copla de quintilla octosílaba de rima asonante, en la que generalmente se repite el primer verso tras cantar el segundo, aunque también, mediante la repetición de alguno de sus versos, puede componerse por una copla o cuarteta de romance.

JABERAS

Dime tú, mi buen amigo,
¿cómo se olvida un querer?
Dime tú, mi buen amigo.
Yo me enamoré una vez,
qué mala suerte he tenido,
que nunca más la olvidé.

Yo no canto por dinero
ni por ganarme la fama,
yo no canto por dinero,
sino porque tengo el alma
llena de cante sincero
que en mis labios se derrama.

Yo no tengo más riqueza
que mi salud y estas manos,
yo no tengo más riqueza,
la madre que a mí me trajo,
esa niña que me espera
y que no me falte el trabajo.

Sepan, regiones hermanas,
que no todo es alegría,
sepan, regiones hermanas,
que llora la tierra mía
y no se dice en España
lo que sufre Andalucía.

La rosa de los amores
no tiene precio ni edad,
la rosa de los amores,
le florece a cada cual,
y tú con tantos millones
no la pudiste comprar.

Que solo veo por tus ojos,
yo no sé lo que me has *dao,*
que solo veo por tus ojos,
me has vuelto medio *chalao*
y mi vida es un despojo
si no te tengo a mi lao.

Mira si es poca verdad,
el refrán de qué a cuervos,
mira si es poca verdad.
Yo fui tu amigo más bueno
y hoy me das tu *puñalá*
con la mujer que más quiero.

Te perdono, mal amigo,
con lágrimas en la cara,
te perdono, mal amigo,
me robaste lo que amaba,
ojalá no haga contigo
lo que hizo a mis espaldas.

LEVANTICA

La levantica es un palo flamenco propio de la región de Murcia, más concretamente de Cartagena. Procede del fandango folclórico tradicional y de la taranta. Perteneciente al grupo de cantes denominados «de Levante», surgió en el último cuarto del siglo XIX en la sierra minera de Cartagena y La Unión.

Estructura métrica

Está compuesta por una copla de quintilla octosílaba asonante, aunque el cante se suele comenzar con la parte final del primer verso a modo de salida.

LEVANTICAS

Levante,
a mí me gusta cantar
tós los cantes de Levante.
Yo no sé lo que tendrán,
que cuando canto esos cantes
mi alma empieza a vibrar.

Mi amigo,
yo tengo un perro pastor,
que es mi noble y fiel amigo,
que me da fuerza y calor
y se cobija conmigo
cuando siente mi dolor.

Tierra mía,
al ver sus campos vacíos,
llorando la tierra mía,
recuerda los olivares
que arrancaron día a día,
sin que la importara nadie.

Adentro,
hoy me duele este cantar,
que me sale tan adentro,
de ver mi tierra llorar,
entre tanto sufrimiento
y no poderla ayudar.

LIVIANA

La liviana es un palo flamenco del grupo de las seguiriyas, pero con algunos matices con respecto a estas. Es uno de los cantes más antiguos. Documentado en la provincia de Cádiz, a mediados delxix. Como su nombre indica, se trata de un cante liviano no muy difícil de ejecutar. Aunque su origen es anterior a las seguiriyas, tomó de estas su compás posteriormente. En los últimos tiempos, la liviana suele interpretarse también como primer tercio de la serrana.

Estructura métrica

La liviana está compuesta por dos o tres coplas denominadas «seguidilla», que es una estrofa de cuatro versos, con rima asonante en los pares. De los cuales, 1.º y 3.º son heptasílabos, y 2.º y 4.º pentasílabos. Suele terminarse con un cambio por seguiriyas, conocido popularmente como «macho».

LIVIANAS

La noche se ha vestido
con su mantilla,
bordada con estrellas
de las que brillan.

La brisa de la sierra
va refrescando
las noches de este agosto
que está quemando.

Una voz rompe el velo
de los silencios,
destapando la esencia
de los misterios.

Un *rajeo* de guitarra
suena de fondo,
invocando a los duendes
del cante jondo.

La niña de mis ojos
Alba se llama,
lo mismo que el lucero
de la mañana.

Tiene los ojos verdes
y es tan bonita,
que a mí se me parece
a la virgencita.

Vente conmigo, niña,
a mi chocita,
te cantaré livianas
y otras cositas.

Si quieres que te quiera,
dile a tu gente
que dejen de atacarme
continuamente.

Por mucho que me digan
de tu pasado,
no podrán apartarme
ya de tu lado.

Que no habrá quien me impida
que yo te quiera,
porque eres tú, serrana,
mi vida entera.

La niña que yo quiero
se llama Lola,
la espero junto pozo
pa'verla a solas.

Recorro los senderos
bajo la luna,
me guían las estrellas
de las alturas.

MALAGUEÑA

Como su nombre indica, la malagueña es un palo flamenco propio y característico de la provincia de Málaga. Procede del fandango folclórico tradicional, que se aflamencó en el tercer cuarto del XIX.

La creación de la malagueña moderna, más lenta y solemne que la que cantaba Juan Breva, se le atribuye a Antonio Chacón. La malagueña ha sido el modelo musical del que han bebido otros cantes, como la granaína, la taranta y otros.

Estructura métrica

La malagueña está compuesta por una copla de quintilla octosílaba asonante, en la que, generalmente, se repite el primer verso, tras interpretarse el segundo, aunque también, mediante la repetición de alguno de sus versos, puede componerse por una cuarteta de romance o por una redondilla, en las que se repiten dos versos, sumando así los seis versos melódicos habituales que componen la malagueña.

MALAGUEÑAS

Esa que tú llamas loca,
te ha dado su vida entera,
esa que tú llamas loca.
Y pa'que tú no sufrieras
se quitó el pan de su boca
pa'que tú te lo comieras.

Que no es hombre bien nacido,
el que maltrata a una madre;
que no es hombre bien nacido,
el que desprecia su sangre.
No es digno de ser querido
ni perdonado por nadie.

★★★

Yo sé por qué te ha *reñío*
esa que te dio la vida,
yo sé por qué te ha *reñío,*
no la ofendas ni compares
que a ti nadie va a quererte
como te quiere tu mare.

Nadie te querrá jamás
como te quiere tu madre,
nadie te querrá jamás.
Recuerda antes de faltarle
que esa a la que has hecho llorar
te dio la vida y su sangre.

★★★

Como hierba que se pisa
me dejaste en el camino,
como hierba que se pisa,
que dura fuiste conmigo,
que por amar tu sonrisa,
me condenaste al olvido.

Los ojitos de mi cara,
hoy lloran por tu querer,
los ojitos de mi cara,
los cierro para no ver,
cuando paso por tu casa,
cómo te abrazas con él.

★★★

Quién te ha visto y quién te ve,
tú que tanto presumías,
quién te ha visto y quién te ve,
a las claritas del día,
preguntando vas por él
que no ha vuelto todavía.

Ni sombra de lo que fuiste
pareces cuando te miro,
ni sombra de lo que fuiste.
La vida ha sido contigo
tan ingrata y tan injusta
como tú fuiste conmigo.

★★★

¿De qué te sirve el dinero
si no tienes quien te quiera?,
¿de qué te sirve el dinero?
Desgraciaito el que tenga
to'el oro del mundo entero
y nadie que lo comprenda.

No avasalles a la gente
con tu maldito dinero,
no avasalles a la gente.
Apréndete una cosita:
no es más rico el que más tiene,
sino el que menos necesita.

★★★

No digas su nombre, madre,
que me ciega la locura,
no digas su nombre, madre,
¡bastante es ya mi amargura!,
que nadie pueda quitarme
la pena que me tortura.

Que callen las malas lenguas
que pregonan mi dolor,
que callen las malas lenguas,
que se miren alrededor,
muy pronto se darán cuenta
que son peores que yo.

★★★

Cómo no voy a quererte
si tú eres la vida mía,
cómo no voy a quererte.
Me has dado tanta alegría,
que, aunque naciera cien veces,
cien veces que te querría.

Si me tengo que morir,
porque es la ley de la vida,
si me tengo que morir,
tenme la mano cogida
y dame antes de partir
un beso de despedida.

★★★

Yo a nadie le deseo
la pena que me persigue.
Yo a nadie le deseo
la causa de mis sentires:
quererla como la quiero
y ni siquiera me mire.

No hay sabio que los comprenda
los misterios del querer,
no hay sabio que los comprenda,
que no se puede entender,
que perdamos la cabeza
sin saber cómo ni por qué.

MARTINETE

El martinete, también llamado «cante de fragua», es un palo flamenco muy primitivo, que suele interpretarse sin acompañamiento de guitarra, «a palo seco». A veces, suele acompañarse para su interpretación con un sonido mediante el golpeo de algún objeto metálico, que recuerda al martilleo propio de una fragua.

Pertenece al grupo de las tonás y se aflamencó en el segundo cuarto del siglo XIX. Su origen está en los cantes que entonaban los gitanos andaluces en las fraguas, golpeando el yunque con el martillo mientras trabajaban el hierro. La mayoría de los estudiosos lo sitúan en las provincias de Sevilla y Cádiz.

Estructura métrica

Está compuesto por una copla o cuarteta octosílaba de rima asonante o de rima cruzada.

MARTINETES

Lo mismo que da en el yunque
el martillo cada día,
me golpeaste el alma
sabiendo que te quería.

Qué duro y que mal pagado
el oficio del herrero,
en la fragua condenado
a los sudores y el fuego.

No reniego de mi suerte
si la fragua fue mi sino,
lo mismo que no tenerte
será mi amargo destino.

Yo no canto por dinero
ni canto por diversión,
es para *olvidá* esta pena
que me aprieta el corazón.

Porque pedí al señorito
el sueldo de mi jornal,
me llevaron ante un juez
con las manos *amarrás*.

Haga calor o haga frío
trabaja de sol a sol,
tiene el cuerpo *dolorío*
de tanto esfuerzo y sudor.

MILONGA

La milonga es un palo flamenco surgido a comienzos del xx y traído por españoles que regresaban de Argentina y evocaban en sus cantos las tierras hispanoamericanas.

Se atribuye la creación de las milongas flamencas a la cantaora y bailaora gaditana Pepa Oro. La trajo a España cuando regresó de tierras americanas y tuvo tanto éxito que el propio Antonio Chacón la adaptó para ser escuchada como cante flamenco sin acompañamiento de baile.

Estructura métrica

Su composición métrica originaria era la décima (estrofa de diez versos), tanto por su procedencia argentina como por sus primeros intérpretes flamencos que así la interpretaron. Con el paso del tiempo se fueron escribiendo décimas irregulares, compuestas por dos cuartetas de romance, con repetición de dos versos e, incluso, de combinaciones de quintilla. Las milongas también pueden llevar un estribillo.

MILONGAS

Con un ramito de flores,
descalcito va llorando,
camino del cementerio
un niño de nueve años.

Le va preguntando al cielo
con penita y murmurando:
¡Ay!, Dios mío, si eres bueno,
¿por qué me estás maltratando?

Te llevaste a mi madre
y no escuchaste mi llanto,
que lloré de calle en calle
por su vida suplicando.

Pero tú no me aliviaste,
por eso voy caminando
con los pies llenos de sangre
y el corazón arrastrando.

★★★

Con un cantar tempranero
y un azadón en la mano,
se dirige al campesino
hacia su campo sembrado.

Va andando por el camino
que tantas veces ha andado,
pisando aquellas pisadas
que el mismo se había dejado.

Puede que no esté contento,
pero camina cantando,
contemplando los trigales
que con sudor fue sembrando.

No tiene nada en la vida,
pero jamás se ha quejado,
se conforma con lo poco
que el campo le ha regalado.

★★★

Madre del alma, llorando
vengo a pedirte perdón,
que ayer te dije gritando
que no llevaba razón.

Pero esta noche pensando,
se me partió el corazón,
de comprender que mis labios
te causaron gran dolor.
Madre del alma, llorando
vengo a pedirte perdón.

Pensar las noches enteras
que pasaste en un sillón
al pie de mi cabecera
por ver si estaba mejor.
Que llorabas a la espera,
llenándote de valor,
por sonreír a mi vera
en aquel hospital de Dios.

Madre, mírame las manos,
aquí traigo el corazón,
de raíz me lo ha arrancado
a cambio de tu perdón.

MINERA

Como su nombre indica, la minera es un palo flamenco característico de las zonas mineras de Almería, Jaén y Murcia. Nació en el último cuarto del xix y procede de la taranta. Es un cante sobrio y de interpretación difícil, y está encuadrado dentro del grupo de los cantes de Levante o cantes mineros.

Estructura métrica

La minera está compuesta como los fandangos, por una copla de quintilla octosílaba asonante, en la que generalmente se repite el primer verso tras el segundo, aunque también, mediante la repetición de dos versos, puede componerse por una cuarteta de romance. Su temática versa en entorno a la minería y sus trabajadores.

MINERAS (también se pueden cantar por tarantas)

No hay oficio más valiente,
que el oficio de minero,
no hay oficio más valiente,
más duro y más traicionero,
y si no que se lo cuenten
a los pobres barreneros.

Por su lucha y su grandeza,
son dignos de admiración,
por su lucha y su grandeza,
porque los mineros son
muy fieros contra la piedra
y nobles de corazón.

Picando en un túnel negro
que ni la luz ilumina,
picando en un túnel negro,
tan negro como terminan
los pulmones del minero
por el polvo de la mina.

¡Cuántas vidas se quedaron
en las minas sepultadas!,
¡cuántas vidas se quedaron!,
de mineros que bajaban
y nunca más regresaron,
la tierra se los tragaba.

No hay fortuna *pa'pagá*
el oficio del minero,
no hay fortuna *pa'pagá*,
que no se cobra en dinero
tantas vidas *enterrá*
debajo el carbón negrero.

No me quejo del destino
porque nací jornalero,
no me quejo del destino,
que siendo yo barrenero
con un cante y un buen vino
me río del mundo entero.

Renegaste de mis besos,
porque era un triste minero,
renegaste de mis besos,
hoy me encuentras con dinero
y te mueres por mis huesos,
ahora que ya no te quiero.

No hay manera de pagar
por la vida de un minero,
no hay manera de pagar,
porque no existe dinero
que pueda recompensar
a aquellos que la perdieron.

MIRABRÁS

El mirabrás es un palo flamenco perteneciente al grupo de las cantiñas, de carácter vivo y alegre, muy característico de la provincia de Cádiz. Se cree que surgió en el segundo tercio del siglo XIX entre Sanlúcar, Cádiz y Chiclana de la Frontera. En este cante suelen incorporarse, a modo de popurrí, otros estilos de cantiñas como las alegrías o las romeras.

Estructura métrica

Este cante está compuesto por una copla o cuarteta octosílaba de romance y puede llevar dos o más estrofas menores, como la tercerilla pentasílaba o hexasílaba.

MIRABRÁS

Me llenaban de amargura
los celos que tú me dabas,
¡ay!, mujer de mi locura,
dime, ¿por qué me engañabas?

Ahora comprendo
por qué eran fríos
siempre tus besos.

Porque me dabas
besos de muerte
que me mataban.

★★★

Aunque pases por mi puerta
pa'que te vea con otro,
no verás mi puerta abierta
ni yo me volveré loco.

Porque ya celos
no pueden darme
si no te quiero.

Me importa poco
que quieras darme
celos con otro.

PETENERA

La petenera es un palo flamenco de entonación difícil. De temática triste y melancólica, rodeado de cierta leyenda, y al que, según se dice, le tienen los gitanos cierta superstición o mal fario. No está muy claro el origen de este cante, pues hay quien afirma que deriva de un estilo americano, ya que también se llama petenera a una música que se canta y baila en la región de Veracruz (México). Mientras que otros entendidos en flamenco afirman que su origen es español.

Sea como fuere, la petenera ha tenido un resurgimiento importante en los últimos cincuenta años, principalmente, gracias al concurso de este cante que se celebra cada año en Paterna de Rivera.

Estructura métrica

Este cante está compuesto por dos estrofas o coplas octosílabas de rima asonante. La primera, llamada «petenera chica», es una cuarteta de romance en la que se suele repetir el tercer verso y se termina con el redoble de los dos primeros; o bien, por una copla de seis versos, en la que también se repite el tercero, por lo que nos da una estrofa de siete versos melódicos.

La «petenera grande» se canta en segundo lugar y suele estar compuesta por una copla de cinco versos octosílabos de rima asonante, que, al ser interpretada, se convierten, generalmente, en nueve versos melódicos, por repetición de varios de ellos.

PETENERAS

En Paterna de Rivera
yo me puse a preguntar:
¿Quién fue aquella petenera?
¿Quién fue aquella petenera?
Que tanto ha dado que hablar.
En Paterna de Rivera
yo me puse a preguntar.

Nadie supo contestar,
nadie supo contestar,
el mito sigue viviendo
y creciendo más y más,
mare de mi corazón,
y creciendo más y más.
La petenera no ha muerto,
la petenera no ha muerto,
porque es leyenda y verdad.

★★★

Madre, cuéntame la historia
de la hermosa petenera,
que está cubierta de gloria,
que está cubierta de gloria,
en Paterna de Rivera.
Madre, cuéntame la historia
de la hermosa petenera.

Según cuenta una leyenda,
según cuenta una leyenda,
fue una mujer atrevida
que tuvo una vida errante,
y por culpa de un querer,
mare de mi corazón,
y por culpa de un querer,
pagó con su propia vida,
pagó con su propia vida,
sus encantos de mujer.

★★★

Su madre lo trajo al mundo
en esta bendita tierra,
de arte y cante profundo,
de arte y cante profundo,
que es Paterna de Rivera.
Su madre lo trajo al mundo
en esta bendita tierra.

El prodigio de su voz,
el prodigio de su voz,
se hizo leyenda eterna,
cantando de corazón,
como solía cantar,
cantando de corazón,
se fue El Perro de Paterna,
se fue El Perro de Paterna,
que grandioso *cantaó*.

★★★

No hay ningún pueblo, señores,
con más arte y más solera,
que tenga más cantaores,
que tenga más cantaores,
que Paterna de Rivera.
No hay ningún pueblo, señores,
con más arte y más solera.

Allí se escucha un cantar,
allí se escucha un cantar,
que cruza la noche entera,
dejando un eco al pasar,
mare de mi corazón,
dejando un eco al pasar,
su cante por peteneras,
su cante por peteneras,
la luna baja a escuchar.

★★★

En el imperio del cante
tiene mi pueblo su nombre
bordado en letras brillantes,
bordado en letras brillantes,
por el cantar de los hombres.
En el imperio del cante
tiene mi pueblo su nombre.

Hoy se me quiebra la voz,
hoy se me quiebra la voz,
Paterna de Rivera,
cantando mi corazón,
con tu nombre por bandera
cantando mi corazón,
se me volvió petenera,
se me volvió petenera,
de cantar con tanto amor.

★★★

Paterna tiene una plaza
dedicá a la petenera,
reina del arte y la gracia,
reina del arte y la gracia,
y orgullo de España entera.
Paterna tiene una plaza
dedicá a la petenera.

A pesar de su penar,
a pesar de su penar,
las noches de luna clara,
dicen que se oye un cantar,
mare de mi corazón,
dicen que se oye un cantar,
cuando le besa la cara,
cuando le besa la cara,
la luna en la *madrugá*.

★★★

Un hombre en la *madrugá*
le cantaba a las estrellas,
intentando adivinar,
intentando adivinar,
cuál sería la de ella.
Un hombre en la *madrugá*
le cantaba a las estrellas.

Aquella que brilla más,
aquella que brilla más,
debe ser la de Pastora,
que habrá salido a cantar,
mare de mi corazón,
que habrá salido a cantar,
al tablao de la gloria,
al tablao de la gloria,
junto a su hermano Tomás.

★★★

Lloraba un niño pidiendo
limosna para su madre,
que se le estaba muriendo,
que se le estaba muriendo,
y no lo escuchaba nadie.
Lloraba un niño pidiendo
limosna para su madre.

Decía con desconsuelo,
decía con desconsuelo:
¡Ay, *mare* del alma mía!,
¡llévame contigo al cielo!,
mare de mi corazón,
¡llévame contigo al cielo!,
que solito en esta vida,
que solito en esta vida,
quedarme sin ti no quiero.

POLO

Este es uno de los cantes más primitivos y arcaicos del panorama flamenco. Se encuentra emparentado con la caña, tanto, que a veces suelen confundirse. Se fue aflamencando en el segundo cuarto del xix. Según algunos estudiosos del flamenco, el polo, junto con la caña, procede de algunas coplas andaluzas de los siglosxviii y xix. Aunque es anterior a la soleá, con el tiempo tomó la estructura de su compás, como también hizo la caña.

Estructura métrica

Está compuesto por una copla o cuarteta de romance, y la temática de sus letras suele ser muy genérica y poco profunda.

Como sucede con la caña, hay cantaores que suelen terminar la interpretación de este cante con una soleá.

POLOS

En lo hondo de mi cante,
donde mi voz se desgarra,
tu nombre me callo antes
de que de mi boca salga.

Tu nombre me callo y pienso
si es pecado este querer,
y el alma me va diciendo:
No es pecado, quiérele.

Es verdad que te quería
que por ti vivía loco,
pero todo acabo un día
que te vi besando a otro.

Después de haberte entregado
lo mejor que yo tenía,
me vi solo y engañado
al ver que no me querías.

Yo que tanto te quería,
ingenuo que te entregaba
la vida que me pedías
y luego me abandonabas.

Cuánto no te habré querido,
que lloro en mi juventud,
caminando hacia un olvido
que me has condenado tú.

Voy vagando por el mundo,
a ciegas y sin saber,
con este dolor profundo
que me dejó tu querer.

Qué importa lo que me digan
si yo te tengo a mi lado.
Esas lenguas viperinas
a mí me traen sin cuidado.

Lo mismo que los barquitos
se van perdiendo en el mar,
se pierden mis esperanzas
de poderte camelar.

A la fuente de tu calle
me acerco para beber,
mira si te estoy queriendo
que bebo sin tener sed.

Aunque tú me hayas *dejao*
por otro con señorío,
te tendré un sitio *guardao*
en mi corazón *partío*.

ROMERA

La romera es un palo flamenco de carácter vivo y alegre, perteneciente al grupo de las cantiñas, muy característico de la provincia de Cádiz. Surgió en el segundo tercio del XIX.

Estructura métrica

Está compuesto por varias coplas de cuarteta de romance, cuarteta pentasílaba de rima asonante y también de seguidilla en algunos juguetillos.

ROMERAS

Con una sonrisa tuya
me alegras el día entero,
con que poco me conformo
de tanto como te quiero.

Romera mía,
eres la fuente
de mi alegría.

★★★

Te veo cada mañana
cuando pasas por mi calle
y aunque no te digo nada
me vuelvo para mirarte.

Si no te miro
me falta el aire
que yo respiro.

Si tú quisieras
yo te daría
mi vida entera.

★★★

Quererte fue mi destino,
porque así lo quiso Dios,
que te puso en mi camino
para llenarme de amor.

Mi buena suerte,
haber nacido
para quererte.

★★★

Desde aquel bonito día
que me encontré tu mirada,
las penas que yo tenía
se me quedaron en nada.

Siempre lo digo:
no tengo vida
si no es contigo.

★★★

Desde que estuve en tu casa,
no sé lo que tú me has dado,
que los días se me pasan
soñando estar a tu lado.

Y, aunque muriera,
yo bebería
lo que me dieras.

Porque tú sabes
que a ti te quiero
yo más que a nadie.

★★★

Te vi por el Baluarte
una tarde paseando.
Al cruzarnos, me miraste
y me dejaste temblando.

Por ti yo diera
romera mía,
mi vida entera.

Dile a tu *mare*
que no me tire
ni me compare.

★★★

Me gusta el cante flamenco,
mi orgullo es ser andaluz,
qué buena suerte he tenido
de haber nacido en el Sur.

En esta tierra
de sol y olivos,
de mar y sierra.

★★★

Cantando, vivo cantando,
a la vida y al amor,
cantando, porque cantando,
se me alegra el corazón.

Tiene mi niña
todo el salero
de las cantiñas.

No tengo penas
que no me cure
a mí mi morena.

★★★

RONDEÑA

Como su propio nombre indica, este es un palo flamenco propio y característico de Ronda, es del tipo abandolao y pertenece al grupo de los llamados «cantes malagueños». Su origen está en el fandango folclórico tradicional, que se fue aflamencando en el tercer cuarto del XIX.

Estructura métrica

Está compuesto por una estrofa o copla de quintilla octosílaba asonante, en la que generalmente se repite el primer verso tras el segundo, aunque también puede componerse por una copla o cuarteta octosílaba, que mediante la repetición de dos de sus versos termina teniendo seis versos melódicos.

RONDEÑAS

El viento me trae un cante
de la sierra malagueña,
el viento me trae un cante,
allí lo llaman Rondeña,
porque habla de su arte,
de su tajo y de su peña.

Vivan los cantes que enseñan,
de guitarra y de compás,
vivan los cantes que enseñan.
El que a mí me gusta más
es el cante por Rondeña
cuando se sabe cantar.

Toda cubierta de nieve,
qué hermosa se ve la sierra,
toda cubierta de nieve,
dice un refrán de esta tierra:
Que siempre es año de bienes
el año que mucho nieva.

Ya no se ven jornaleros
como antes se veían,
ya no se ven jornaleros.
Lejos quedaron los días
que pastores y cabreros
surcaban la serranía.

Tiene que ser malnacido
quien le mete fuego al monte,
tiene que ser malnacido.
¡Qué pena del horizonte!,
calcinado y destruido
por las maldades del hombre!

Tú vendrás un día a buscarme
aunque ahora quieras negarlo,
tú vendrás un día a buscarme,
y yo te estaré esperando
porque no pude olvidarte
después de tanto intentarlo.

De esa agua no beberé,
me juraste aquel día,
de esa agua no beberé.
Las vueltas que da la vida,
hoy que te aprieta la sed
bebés de la boca mía.

Agua fresca y cristalina,
la fuente del Endrinal,
agua fresca y cristalina,
yo me siento a descansar
en el borde de sus pilas
y allí me pongo a cantar.

SAETA

La saeta es un palo flamenco primitivo de carácter religioso, encuadrada en el grupo de las tonás. Es propio de la Semana Santa española, especialmente, de la andaluza y la extremeña. Se trata de una especie de oración que le suelen cantar los cristianos a Jesús de Nazaret y a su madre, la Virgen María. Se interpreta sin acompañamiento de guitarra. Se cree que su origen está en las coplillas que cantaban o recitaban los padres franciscanos en los siglos XVI y XVII.

La saeta es también uno de los palos flamencos con mayor variedad en su interpretación. Podemos escucharlas en grabaciones y en las calles de muchos pueblos y ciudades, interpretadas por seguiriyas, carceleras, martinetes, tonás, deblas...

Estructura métrica

La saeta está compuesta, generalmente, por una copla o cuarteta octosílaba de rima asonante, pero también por estrofas como la redondilla o la quintilla, que hacen que este cante pueda ofrecer muchas combinaciones de versos melódicos a la hora de interpretarlo.

SAETAS

Bañado en sangre y sudor,
va cargado con la cruz,
por un mundo pecador
que no quiso ver su luz.

Rezando va el nazareno
con la cruz de su calvario,
pide perdón para un pueblo
que llegó a crucificarlo.

¡Ay, Jesús del Gran Poder!
El alma se me desgarra,
cuando te veo sostener
esa cruz sobre tu espalda.

Que se callen las trompetas,
que se callen los tambores,
que quiero *cantá* una saeta
al Cristo de mis amores.

Virgencita de mi alma,
cuando pases por mi calle,
para frente a mi ventana
que se me muere mi madre.

¡Qué penita, Macarena!,
vas llorando de dolor,
tras una cruz de madera
donde va su corazón.

Abre, madre, la ventana,
que están pasando los cirios
y quiero verle la cara
para morirme tranquilo.

Llorando cantaba un ciego
al paso del Gran Poder:
¡Decidme si está muy lejos,
que yo no lo puedo ver!

El corazón se me parte
cuando te veo, mi Jesús,
malherido y torturado,
cargando con esa cruz.

Qué penita, Nazareno,
me da de verte pasar,
siendo tú tan santo y bueno,
te van a crucificar
en ese horrible madero.

Los tambores y trompetas
marcan su paso sereno,
y se escucha una saeta
mientras pasa el Nazareno,
llevando su cruz a cuestas.

Caminito del Calvario
va cargando con la cruz,
sangrando y apaleado,
sangrando y apaleado,

¡pobrecito, mi Jesús!
Tú que vas derecho al cielo,
cantando quiero rogarte:
Jesús mío, Nazareno,
dile, si ves a mi padre,
que lo hecho mucho de menos.

Lo llevan crucificado
lo mismo que a un malhechor,
este mundo ha condenado
al Mesías Salvador,
que suspira agonizando,
muriéndose de dolor.

Los clavos de la barbarie
traspasan sus santas manos
y le chorrea la sangre
por su divino costado.
Se retuerce agonizante
sobre el madero clavado.

SEGUIRIYA O SIGUIRIYA

La seguiriya es, quizás, el palo flamenco más fuerte y difícil de interpretar del cante jondo. Se cree que nació a mediados del siglo XIX en Jerez y Sevilla. Es uno de los cantes básicos y está considerado, junto con los tangos, las tonás y las soleares, como la raíz del flamenco más puro. Procede del folclore autóctono andaluz, del que derivan también otra serie de cantes, como las livianas, las serranas, las saetas o las cabales.

Sus letras son de temas tristes y trágicos, donde la muerte y el padecimiento del ser humano están siempre muy presentes.

Estructura métrica

La seguiriya está compuesta, generalmente, por una copla de cuatro versos de rima asonante en los pares. 1.º, 2.º y 4.º son hexasílabos y el 3.º endecasílabo, compuesto por dos hemistiquios de 5 y 6 sílabas respectivamente.

SEGUIRIYAS

Desde el triste día
que murió mi madre,
lloro de pena, no existe cosita
que pueda alegrarme.

No le tengo miedo
a que la muerte llegue,
que es ley de vida, si no a que los míos
ya no me recuerden.

Me encuentro malito
en mi triste cama,
pasan los días sin que venga a verme
a quién le di mi alma.

Al llegar la muerte
nos espera un trance,
trampas no valen, porque a su conciencia
no la engaña nadie.

De la nada soy,
de la nada vengo,
pasa la vida y sin querer me voy
a la nada yendo.

Antes de brotarme
ni el razonamiento,
siendo un chiquillo, supe que era carne
de los sufrimientos.

Desde que te fuiste
mi vida es quebranto,
me voy muriendo, camino al olvido,
entre pena y llanto.

No me mires, niña,
porque ya es muy tarde,
pasó aquel tiempo de ser el idiota
de tus mil desplantes.

No puedo borrarte
del corazón mío,
llevo en el alma la profunda herida
de haberte *querío*.

No me duele tanto
que tú me dejaras,
me duele saber que fue con mi amigo
con quien me engañabas.

Este es el destino
del que nace pobre:
pasa la vida llevando un gran yugo
de pena y sudores.

Sé que no me quieren
tu padre y tu gente,
no habrá en el mundo murallas ni rejas
que me impidan verte.

Porque soy un pobre
me niega tu padre,
si tú me quieres, no existe dinero
que pueda comprarme.

No me mires, prima,
te lo he suplicado.
Tú no me sigas ni me comprometas,
que ya estoy casado.

Escúchame, niña,
no quiero ofenderte.
Eres bonita, pero, aunque quisiera,
no podría quererte.

Cuando yo me muera,
si te sientes triste,
mira mi foto y recuerda los años
que fuimos felices.

Aunque yo quisiera
no podría quererte.
No me cameles, porque estoy casado,
no tientes mi suerte.

Cuando yo me muera
sigue tú viviendo,
que para siempre seguiremos juntos
un alma y cuerpo.

SERRANA

La serrana o serranas, deriva de los cantes camperos andaluces y, musicalmente, pertenece al grupo de las seguiriyas. Se cree que es originario de la serranía de Cádiz y Ronda, y fue aflamencando a mediados del XIX. Se acompaña a guitarra con el compás de la seguiriya, y es muy similar al de la caña y el polo.

Los temas que predominan en las letras de serranas son eminentemente campestres, aludiendo a los animales que se crían en la sierra (lobos, cabras, corderas, etc.) y a los hombres que la surcaban en aquella época (pastores, bandoleros, contrabandistas, arrieros…).

La serrana carece de modalidades, ya que solo hay un estilo de la misma. No obstante, según varios flamencólogos, se pueden apreciar ciertas diferencias o matices entre las serranas que se cantan en la zona de las sierras de Cádiz y Ronda, y las que se interpretan en las de Córdoba y Huelva.

Estructura métrica

La serrana se compone de una liviana, que, como ya señalamos, es una seguidilla o estrofa de cuatro versos de rima en los pares. 1.º y 3.º heptasílabos, 2.º y 4.º pentasílabos.

Tras la liviana se interpreta la serrana propiamente dicha, que es también una estrofa de cuatro versos, igual que la liviana, de rima en los pares. 1.º y 3.º heptasílabos, 2.º y 4.º pentasílabos y una o dos estrofas de tres versos: 1.º y 3.º pentasílabos rimados y 2.º heptasílabo libre.

La serrana se suele terminar con un macho por seguiriyas, generalmente, por el llamado de María Borrico o por un cante abandolao.

SERRANAS (terminadas en seguiriyas)

Por la sierra de Cádiz
me voy perdiendo
y los pueblos que hay
voy recorriendo.

La sierra se ha cubierto
de blanca nieve.
Es bonita si nieva
y cuando llueve.

Porque en la sierra
se ve lo más bonito
que hay en mi tierra.

Cada mañana
me despiertan los besos
de mi serrana.

Mi guapa compañera
que tanto quiero,
que me da la vida y tantos motivos
pa'seguir viviendo.

★★★

Hay una guapa moza
por la que muero,
pa'mí es la más hermosa
del mundo entero.

Me duermo cada noche
pensando en ella,
me acompaña su nombre
y las estrellas.

Y cuando salga
el sol del nuevo día,
veré su cara.

Cada mañana
le llevo flores frescas
a mi serrana.

Respiro el aire puro
mirando al cielo,
y a Dios le doy gracias por darme esta vida
y a la que quiero.

★★★

Cuando llega el otoño,
por la mañana,
yo recojo madroños
pa'mi serrana.

Y también muchos días
cojo castañas
pa'la morena mía
de mis entrañas.

Hoy le he *cogío*
los que estaban mojados
por el rocío.

Que ella disfruta
comiendo los madroños
que más le gustan.

Endrinas y madroños
hay en la sierra,
jaras y romeros, pinsapos y encinas,
le dan su belleza.

★★★

Mi vida está en la sierra,
aquí soy libre,
sin tener quien me mande
ni quien me obligue.

La sierra es un tesoro
que hay que cuidarlo
y no dejar que nadie
pueda dañarlo.

Que hay alimañas
con malas intenciones
para quemarla.

Maldito sea
quien pega fuego al monte
sin que lo vean.

Hay que ser malnacido
y miserable,
hacer tanto daño arrasando bosques,
los muy criminales.

★★★

Si vienes desde Cádiz
para la sierra,
tú verás el misterio
de su silueta.

Se ve durante un tiempo
la serranía,
que forma como un cuerpo
en la lejanía.

Porque parece
una mujer tendida
que sueña y duerme.

Y es que sus montes
dibujan una esfinge
en el horizonte.

Las sierras son las joyas
de Andalucía.
Pulmones verdes que desprenden vida
todos los días.

★★★

SERRANAS (terminadas en abandolaos)

Por la sierra cantando
va una pastora,
detrás de su rebaño,
bajo la aurora.

Montada en su caballo
pasa la vida,
recorriendo la sierra
de noche y día.

Canta, morena,
que con tu cante alivias
mi amarga pena.

Que hasta la jara
florece entre las piedras
al ver tu cara.

Lo mismo que dos luceros
que alumbran la *madrugá*.
Lo mismo que dos luceros,
me alumbran al caminar
tus bonitos ojos negros
en mi triste soledad.

★★★

Yo he *nació* en la sierra
de Grazalema,
en un pueblito blanco
de gente buena.

Que tiene calles anchas,
llenas de flores,
naranjos y jardines
de mil colores.

Lo encontraréis
por su bonito nombre,
Prado del Rey.

Porque en la sierra
se guardan los tesoros
de nuestra tierra.

Prado lleva medio siglo
custodiando la Serrana,
Prado lleva medio siglo.
Como el grano en la besana
este cante ha renacido
en la sierra gaditana.

★★★

Con un caballo negro
que yo tenía
me iba recorriendo
la serranía.

Guardián de la sierra
fue mi caballo
y una noche tormenta
lo mató un rayo.

Desde aquel día
tengo seca la fuente
de mi alegría.

Lirios morados
florecen en el sitio
que está enterrado.

Quién dice que es mala suerte
llorar caballo que muere,
quién dice que es mala suerte.
Cuando un animal se quiere,
también se llora su muerte,
porque algo nuestro se muere.

★★★

Por detrás de la sierra
clarea el día.
Con la aurora despierta
la montería.

Vente, niña, a la sierra,
que está nevando
y se ha cubierto toda
de un manto blanco.

Verás, serrana,
qué bonita es la nieve
por la mañana.

Serrana mía,
tus ojos son la fuente
de mi alegría.

Si vienes un día a la sierra,
yo te esperaré en la ermita,
si vienes un día a la sierra,
rezando a la virgencita
por tener una compañera
como tú, niña bonita.

★★★

Yo he nacido en la sierra,
entre pinares,
en un chozo de piedra,
cerca de un valle.

La sierra es tan hermosa
con sus colores,
que se ha hecho la novia
de los pintores.

Van a mirarla,
llevando sus pinceles
para pintarla.

Y luce alegre,
de encinas y pinsapos,
su traje verde.

Relucen sus pueblos blancos
como un rosario de perlas,
relucen sus pueblos blancos,
repartidos por la sierra,
con su historia y sus encantos
y el orgullo de esta tierra.

★★★

La luna de esta noche,
redonda, asoma
detrás de las encinas
que hay en la loma.

Despacio y elegante,
recorre el cielo
seguida de su amante,
el gran lucero.

Tan plateada,
que alumbra con su brillo
la madrugada.

Y en la laguna,
igual que una doncella,
se ve la luna.

En la falda de la sierra,
en una pequeña ermita,
en la falda de la sierra,
se encuentra una virgencita,
la llaman en esta tierra:
Montaña, guapa y bonita.

★★★

Yo nací en esta tierra
de Andalucía,
en medio de la sierra
de la alegría.

El aroma de sus campos
me da en la cara,
de encinas y pinsapos,
romero y jara.

Canta una alondra,
buscando a su pareja
bajo la sombra.

Y allá, en lo alto,
van las cabras montesas
pegando saltos.

Ya se escuchan por el monte
los ciervos en la berrea,
ya se escuchan por el monte,
mientras la *otoñá* verdea
y el rocío de las noches
va mojando la *arbolea*.

SOLEÁ

La soleá es uno de los cantes básicos, junto con las tonás, fandangos, tangos y seguiriyas, que, como todos ellos, procede del folclore autóctono andaluz y del que derivan otros palos. Surgió a mediados del XIX en las provincias de Sevilla y Cádiz. Según Blas Vega, este palo deriva de los jaleos, la caña y el polo flamenco. Su temática suele ser de carácter melancólico, donde el amor y el desamor tienen mucho protagonismo.

Estructura métrica

La soleá está compuesta, generalmente, por cuarteta octosílaba de rima asonante en la soleá grande, o de estrofa de tres versos octosílabos de rima asonante, llamada tercerilla en la soleá corta.

SOLEARES

No me duelen tus mentiras
ni que de mí te separes.
Lo que siento es la penita
de la pobre de mi mare.

Tú sabes mejor que nadie
por lo que yo estoy contigo,
en cuanto falte mi madre,
comprenderás lo que digo.

De tanto mirar tus ojos
se están secando los míos
y tú no te das ni cuenta
que estoy loquito *perdío*.

Mujer, extiende tus manos
y toma mi corazón,
me lo he arrancado del pecho
pa'demostrarte mi amor.

Aunque me diga tu padre
que me aleje de tu vera,
no habrá en el mundo amenaza
que impida que yo te quiera.

Le di mi vida a mi amada,
y educación a mis hijos,
a nadie le debo nada,
ya puedo morir tranquilo.

En una piedra me siento
y me pongo a cavilar
sin tener más compañía
que mi triste soledad.

Estoy tan acostumbrado
a no tener alegrías,
que hoy me salió una sonrisa
y pensé que no era mía.

Mi vida es un mar deudas
desde que salgo contigo.
No quiero creer las cosas
que me cuentan mis amigos.

Mira si te habré *querío*
de verdad, que prefería
el verte alegre con otro
que triste a la vera mía.

¿Qué poder tendrán tus besos,
que no los puedo olvidar?
Y voy vagando en silencio
con mi triste soledad.

Pero mira que quererte
y no ver que me engañabas.
Yo creyendo conocerte.
¡Qué *equivocaito* estaba!

Ni te quiero ni te olvido,
ni ya me haces sufrir.
Solo siento indiferencia
cuando me acuerdo de ti.

Anoche lloré soñando,
creyendo que te perdía.
Y cuando vi que era un sueño
lloré, pero de alegría.

Ni tu poder ni tu fama
lograrán amedrentarme,
voy de frente por la vida
y nadie podrá cambiarme.

Na'te debo, na'me debes.
Los dos estamos pagados.
No busquemos un culpable,
porque todo ha terminado.

En la fuente de la plaza,
donde tu nombre escribí,
se ha vuelto tan sucia el agua
que solo se ve verdín.

¿Por qué te habré conocido
tan bonita y con dinero?
Que me duele haber nacido
siendo un pobre jornalero.

SOLEARES CORTAS

Sin ti no puedo vivir
y contigo estoy muriendo
de tanto hacerme sufrir.

Yo me enamoré una vez
y llevo toda mi vida
maldiciendo aquel querer.

Te he querido tanto y tanto
que me ha cogido la muerte
con tu nombre entre mis labios.

Aunque vivieras tres vidas,
no encontrarás quien te quiera
igual que yo te quería.

Las gotas de mi sudor
me recuerdan cada día
que soy un trabajador.

Mira si yo te quería,
que no me acosté una noche
sin nombrarte en ese día.

Solo vivo pa'quererte,
no me pidas que te olvide,
porque sería mi muerte.

Qué grande es la pena mía,
que no hay motivo que alivie
la tristeza de mis días.

Es tan inmensa mi pena
que solamente la muerte
aliviará mi condena.

Ni de noche ni de día
se me va del pensamiento
la que tanto yo quería.

Si me tengo que morir,
que sea contigo a mi lado
pa'poderme despedir.

El día que yo me muera
no quiero que traigan flores
ni que lloren a mi vera.

Si queréis recordarme,
decid que viví mi vida
sin hacerle daño a nadie.

A Dios le pido clemencia,
que yo quisiera morirme
muy en paz con mi conciencia.

Si me tengo que morir,
que me entierren en la sierra
y que no lloren por mí.

TANGOS

Los tangos son uno de los cantes básicos, junto con las tonás, soleares, fandangos y seguiriyas. Parece ser que este cante deriva de los tanguillos (tangos de Cádiz) y fueron grabados por el Mochuelo a finales del xix.

Estructura métrica

El tango flamenco, como la bulería, puede estar compuesto por una variedad de composiciones métricas: por cuarteta de romance octosílaba o hexasílaba, seguidilla, tercerilla o, incluso, por décima, en los llamados tangos de El Piyayo o tangos por guajiras. En los juguetillos puede llevar también una tercerilla pentasílaba o hexasílaba.

TANGOS

Una noche de estrellas
dijiste te quiero,
besando mi boca,
tocando mi pelo.

Una noche de estrellas
dijiste me muero
si tú no me miras,
si pierdo tus besos.

Mentira, mentira,
falso y embustero,
que solo querías
mi cuerpo, mi cuerpo.

Una noche de estrellas
te vi entre las sombras,
pasar por mi puerta
del brazo de otra.

Una noche de estrellas
sentí haberte amado,
al verte con otra
me acosté llorando.

Mi llanto, mi llanto,
que tú no mereces,
llorando, llorando,
logré aborrecerte.

★★★

Me llamaste y dije no,
me lloraste y dije no.
Y si vuelves a rogarme,
volveré a decir que no.

Ya no soy aquel idiota
que soñaba con tu amor.
Ya no creo en tus mentiras.
Ya no tengo corazón.

Tú me hiciste como soy.
Tú me diste el dolor.
Tu una noche me enseñaste
a negar la compasión.

Ya conozco tus historias.
Ya sé bien como es tu amor.
Ya no puedes engañarme
porque hoy ya te digo adiós.

Hoy he vuelto a enamorarme,
hice caso al corazón.
Hoy no queda ya en mi alma
ni el recuerdo de tu amor.

No preguntes a mi amigo
a dónde voy o qué hago yo.
No me sigas esperando
que tu juego se acabó.

★★★

Como la hermosa amapola
que florece en los trigales,
disfrutas bailando sola
con los revuelos del aire.

Y al igual que la amapola,
tan sencilla y elegante,
no tienes bata de cola,
pero sí salero y arte.

Baila, niña, soñadora,
que en los confines del baile
está bordando la aurora
tu nombre con letras grandes.

Muchos sueños ven la gloria
y se vuelven realidades,
no dejes que el de tu historia
se te vuelva soledades.

Cada noche, a cierta hora,
cuando ya no te ve nadie,
te quedas bailando sola
porque tu vida es el baile.

Un lucero que te adora
se acerca para mirarte
y a tu ventana se asoma,
de bailar lo enamoraste.

★★★

Te di la luz de mi vida.
Te di la flor de mi amor.
Te di mis cosas queridas.
Te di mi sueño mejor.

Te di, creyendo en tus labios,
mis besos llenos de amor.
Te di mi cuerpo temblando,
te amaba de corazón.

Y después de haberte dado
todo aquello que te di,
dijiste adiós una noche
y te olvidaste de mí.

Ayer llamaste a mi puerta
creyendo que yo saldría,
y mira tú qué sorpresa
que ni la puerta te abría.

Y aunque es verdad que te quiero,
y aunque es verdad que te adoro,
y aunque es verdad que me muero,
lo niego, lo niego todo.

Porque, aunque nunca te olvidé,
yo siempre te negaré.
Y si alguno me pregunta,
le diré que te olvidé.

★★★

A los pueblos de mi *Cái,*
le canto de corazón,
que en este mundo no hay
pueblos que más quiera yo.

Paterna, Bornos, Chiclana,
Ubrique, El Puerto, Vejer,
Rota, Sanlúcar, Zahara,
Medina, Olvera y Jerez.

Villaluenga, Algodonales,
Grazalema, Setenil,
Tarifa, Alcalá del Valle,
Espera y Villamartín.

La Línea, Conil, San Roque,
Prado del Rey, Castellar,
Trebujena, Algar, El Bosque,
El Gastor, Puerto Real.

Chipiona, San Fernando,
Barbate, Benaocaz,
Torre Alhaquime, Los Barrios,
Algeciras y Alcalá.

Jimena, Puerto Serrano,
con Arcos de la Frontera
y los demás pueblos blancos
de esta mi querida tierra.

TARANTA

La taranta es un palo flamenco propio de las zonas mineras de Almería, Jaén y Murcia. Como los demás cantes de levante, o cantes mineros, procede del fandango folclórico tradicional y fue creado a finales del siglo XIX.

Estructura métrica

Como los demás cantes de levante, la taranta está compuesta por una copla de quintilla octosílaba asonante, en la que generalmente se repite el primer verso, tras cantar el segundo, aunque también, mediante la repetición de dos versos, puede componerse por una cuarteta de romance. Su temática versa en entorno a la mina, sus trabajadores y sus costumbres.

TARANTAS (también se pueden cantar por mineras)

Aprendieron con sudores
los secretos de la mina,
aprendieron con sudores,
partiendo piedra calina.
Se quedaron los mejores
entre el polvo y la ruina.

No le temo a los barrenos
ni a la pólvora encendía,
no le temo a los barrenos,
le temo a la mala *vía*
de los cuatro hijos que tengo
si yo le falto algún día.

Lleno de oro y brillantes,
se ve al rico *engalanao,*
lleno de oro y brillantes.
Seguro que no han *pensao*
cuando compran diamantes
las vidas que habrán *costao.*

No tengo ni oro ni plata,
solo callos en las manos,
no tengo ni oro ni plata,
a golpe sudor me gano
el pan que llevo a mi casa
pa'que coman mis hermanos.

Aprendieron con sudores
los secretos de la mina,
aprendieron con sudores,
partiendo piedra calina.
Se quedaron los mejores
entre el polvo y la ruina.

Cuna de cantes mineros,
Cartagena y Mazarrón,
cuna de cantes míseros,
que le cantan a la unión
los cantares jornaleros
en las minas del carbón.

Lloraba un viejo minero
en la puerta de una mina,
lloraba un viejo minero,
con mucha pena decía:
Aquí afuera yo me muero,
me ciega la luz del día.

Ya no pasan los mineros
a las claritas del día,
ya no pasan los mineros,
porque han cerrado la mina
y han condenado a mi pueblo
a vivir en la ruina.

TARANTO

El taranto es un palo flamenco propio y característico de la provincia de Almería. Como los demás cantes levantinos, procede del fandango folclórico tradicional y de la taranta, de la que deriva, aunque la temática de sus letras no suele hablar de las minas ni de oficios mineros. Se cree que fue creado a mediados del siglo XIX.

Estructura métrica

Como los demás cantes de levante, el taranto también está compuesto por una copla de quintilla octosílaba asonante, en la que generalmente se repite el primer verso, tras cantar el segundo, aunque también, mediante la repetición de dos versos, puede componerse por una cuarteta de romance.

TARANTOS

Antes de reñirle a un viejo,
ten en cuenta, capataz,
antes de reñirle a un viejo,
que un día tendrás su edad
y verás que tu «pellejo»
ya no te sirve pa'na.

A la boca de la mina
se asoma viejo y *cansao*,
a la boca de la mina,
diciendo aquí me he *dejao,*
entre pólvora y quinina
la vida que Dios me ha *dao.*

Si las piedras contestaran
le podrías preguntar,
si las piedras contestaran,
lo que me han visto llorar
de pensar que me dejabas
por ser un minero más.

El día que murió mi madre
se me partió el corazón,
el día que murió mi madre,
¡Ay, madre mía, qué dolor!,
que quiero cantarte un cante
y no me sale la voz.

Aunque lo callen mis labios,
lo están diciendo mis ojos,
aunque lo callen mis labios,
al verte yo me sonrojo
y acabo siempre temblando
con los nervios en manojo.

Por un beso de tu boca
yo no sé lo que daría,
por un beso de tu boca,
esta cabecita mía
se me está volviendo loca
de *pensá* en ti to'los días.

A quien yo más confiaba
le conté mi gran secreto,
a quien yo más confiaba,
me juró guardar silencio
y el nombre de quién yo amaba
lo dijo a los cuatro vientos.

Mira si te habré *querío,*
que te he *dao* mi vida entera,
mira si te habré *querío,*
y ahora te vas de mi vera,
porque dices que he *perdío*
lo guapa y joven que era.

TIENTOS

Este es un palo flamenco perteneciente al grupo de los tangos, con un ritmo más lento y solemne que estos. Hay quien afirma que los tientos proceden musicalmente de los tanguillos o tangos de los coros, no de los tangos flamencos. Su creación se produjo en el último tercio del siglo XIX.

Estructura métrica

Los tientos, como los tangos, suelen estar compuestos por una variedad de composiciones métricas que se adaptan muy bien a su compás: copla de tres versos octosílabos, aunque también de cuarteta de romance, de soleariya, de seguidilla o de quintilla.

TIENTOS

Juraste que me querías
al pie de la cruz de piedra.
Cuando recuerdo aquel día,
las lagrimitas me ciegan.

Mira que haberte querido
y no imaginar siquiera
que eras agüita de río
donde bebe to'el que llega.

Tus juramentos
fueron cenizas
que lleva el viento.
Y tu mirada
son dos puñales
que se me clavan.

Tus labios fueron veneno
donde la muerte bebí.
Solito me voy muriendo
por el querer que te di.

Solo me quedan recuerdos,
yo que tanto te quería,
que se van, se van perdiendo
con el paso de los días.

★★★

No me preguntes, hermana,
que se me ha *perdío* en la calle,
que me asomo la ventana
para verla cuando pase.

Tiene los ojos *rajaos,*
negritos como aceituna,
y viene la calle abajo
más solita que la una.

Vivo callando
penas secretas,
quererla tanto
sin que lo sepa.

Triste silencio,
Triste silencio,
que me consume
de sufrimiento.

Ella no sabe, no sabe,
que estoy muriendo de amor,
¡ay!, detrás de estos cristales
que aprietan mi corazón.

Las penitas me atormentan
por no poderlo decir,
nunca se para en mi puerta,
ni yo me atrevo a salir.

★★★

Cuéntame, madre del alma,
¿cómo es la luz del amor?,
que he escuchado mil palabras
y nadie me lo aclaró.

Dicen, madre, que se llora
por la llama del querer,
pero di, si estando sola,
¿yo quizás no sufriré?

No me quiero equivocar,
sabiendo que hay dos senderos:
la mentira y la verdad.

¡Ay!, madre, dime por qué.
Por cuenta de enamorarme
yo pueda sufrir después.

Quítame este mar de dudas,
madre de mi corazón,
que estoy solita y a oscuras
a las puertas del amor.

Que a mis quince primaveras
no se puede comprender,
cuál es pasión verdadera
y cuál la que no lo es.

★★★

TONÁ

La toná es un palo flamenco primitivo, que además da nombre a un grupo de cantes (martinete, carcelera y debla). Se interpreta sin acompañamiento de guitarra y está considerado como uno de los cantes básicos, junto con las soleares, tangos, fandangos y seguiriyas, del que derivan otros palos flamencos. Se afirma que las tonás proceden del romance castellano, que se fue aflamencando en el segundo cuarto del siglo xix.

Estructura métrica

La toná, como los demás cantes de su grupo, está compuesta por copla de cuarteta de romance.

TONÁS

Na te debo ni me debes,
estamos los dos cumplidos,
como dice aquel refrán:
«Lo comido por lo servido».

En un corazón de roble
grabé tu nombre y el mío,
hoy he borrado esos nombres
y lo he tirado en el río.

En este mundo cruel
hay dos varas de medir,
la que siempre mide al rico
y la que al pobre infeliz.

Al Cristo de los milagros
le pedí que me quisieras
y me respondió entre sueños
que me aparte de tu vera.

Voy detrás del Nazareno,
descalzo y con una cruz.
Él sabe de mi tormento,
igual que lo sabes tú.

VIDALITA

La vidalita es un palo flamenco del grupo de los denominados «cantes de ida y vuelta». Tiene aires de milonga y comparte con ella características del toque de guitarra. Se cree que procede de un estilo musical del folclore sudamericano, que se fue aflamencando a comienzos del siglo XX.

Estructura métrica

Está compuesta por varias coplas de cuarteta de romance o por décima (estrofa de diez versos). La temática de sus letras suele ser muy variada.

VIDALITAS

A las claritas del día
ya va camino del tajo,
donde se deja la vida,
esclavo de su trabajo.

Haga calor o haga frío,
él siempre está trabajando,
luchando por esta tierra
que la vida le está costando.

A nadie le pide nada,
se basta con sus dos manos,
no se queja si los meses
le fueron buenos o malos.

Tal vez llegue a preguntarse,
ya de viejo y encorvado:
¿de qué sirvió tanto esfuerzo
y tanto dolor pasado?

Entonces se pondrá triste
y quizás acabe llorando,
mirando hacia aquella tierra,
que la vida le fue quitando.

★★★

Antes de brotarme, Vidalita,
ni el razonamiento,
supe que era carne, Vidalita,
de los sufrimientos.
Porque nací jornalero,
ya destinado a trabajar,
desde que era tan solo un niño
me fui ganando mi pan.
Porque nací jornalero,
ya destinado a trabajar.

★★★

Fui aprendiendo que la vida
puede ser bastante dura,
de penurias y amarguras.
Que nos va dejando heridas
y que las penas sufridas
se llevan siempre arrastrando
y el dolor acumulando.
Por eso, si me ves triste,
no digas que no sentiste
que por dentro iba llorando.

★★★

La vida pasa volando,
el tiempo a nadie espera
y parece que acelera
cuando se está terminando.
Lo seguimos malgastando,
sin conciencia ni medida,
nos pasamos media vida
queriendo juntar dinero,
olvidando que el obrero
tiene la gloria prohibida.

★★★

Nacemos con un destino
grabaito en nuestra frente,
como un quejido latente,
que marca nuestro camino,
la historia de nuestro sino,
que no podemos cambiar
y tenemos que aceptar
los que venimos al mundo,
llevando un dolor profundo
que no se puede curar.

ZAMBRA

La zambra es un palo flamenco del grupo de los tangos, propio de la provincia de Granada. Se cree que nació en el último cuarto del XIX y que deriva de una danza de origen morisco, también conocida como zambra mora. Era interpretada por los gitanos granadinos y fue prohibida en elXVI por su supuesto carácter indecente, aunque continuó interpretándose de modo clandestino.

Estructura métrica

La zambra puede estar compuesta por varias composiciones métricas, como son la copla de cuarteta de romance, cuarteta octosílaba de rima cruzada, la seguidilla o seguiriya.

ZAMBRAS

Cuando paso por tu puerta
y miro pasillo adentro,
las penas que me atormentan
me matan de sufrimiento.

¡Qué triste en la historia nuestra,
querernos siempre en silencio!,
porque tu padre no quiere
que nos sigamos queriendo.

Por la orillita del río,
llorando porque te quiero,
me alejo, cariño mío,
ya que olvidarte no puedo.

Me duele el *sentío*
de quererte tanto.
Yo te doy la vida
y a cambio me ofreces
penas y quebrantos.

Gitana, por tu querer,
gitana, por tu querer,
la vida, si me la pides,
la vida yo te daré.

★★★

Gitana de mi tormento,
tus ojos son mi condena,
que me tienen hace tiempo
condenaíto a la pena.

 Porque una noche en silencio
miré tu cara morena
y me llegó tan adentro
que el no tenerte me quema.

Porque esta locura mía,
que me lleva hasta tu puerta,
va más grande cada día
y tú no te das ni cuenta.

Que culpita tuve yo
de encontrarte en mi camino
por la senda del amor,
donde me llevó el destino.

Locura de mi locura,
locura de mi pasión,
locura que no se cura
de mi pobre corazón.

Dile a tu madre, niña,
que yo te quiero,
pa'mí eres lo más grande
del mundo entero.

Índice